Klaus Metzger

Handlungsorientierter Umgang mit Medien im Deutschunterricht

Didaktische Voraussetzungen

Modelle und Projekte

Lehrer-Bücherei: Grundschule

Herausgegeben von
Horst Bartnitzky und Reinhold Christiani

Klaus Metzger

Handlungsorientierter Umgang mit Medien im Deutschunterricht

•

Didaktische Voraussetzungen

•

Modelle und Projekte

Cornelsen
SCRIPTOR

Für B., V. F. und M. S.

Nicht in allen Fällen war es uns möglich, den Rechteinhaber der Abbildungen ausfindig zu machen. Berechtigte Ansprüche werden selbstverständlich im Rahmen der üblichen Vereinbarungen abgegolten. Wir bitten um Verständnis.

Cornelsen online http://www.cornelsen.de

Gedruckt auf chlorfrei gebleichtem Papier
ohne Dioxinbelastung der Gewässer

Die Deutsche Bibliothek – CIP-Einheitsaufnahme

Metzger, Klaus:
Handlungsorientierter Umgang mit Medien im Deutschunterricht :
didaktische Voraussetzungen ; Modelle und Projekte / Klaus Metzger. –
Berlin : Cornelsen Scriptor, 2001
(Lehrer-Bücherei : Grundschule)
ISBN 3-589-05062-4

Dieses Werk berücksichtigt die Regeln der reformierten
Rechtschreibung und Zeichensetzung.

5.	4.	3.	2.	1. ✔	€ Die letzten Ziffern bezeichnen
05	04	03	02	2001	Zahl und Jahr des Drucks.

Redaktion: Gabriele Teubner-Nicolai, Berlin
Umschlagfoto: David Außerhofer, Berlin
Gesamtherstellung und Layout: FROMM MediaDesign GmbH, Selters/Ts.
Druck und Bindung: Clausen & Bosse, Leck
Printed in Germany
ISBN 3-589-05062-4
Bestellnummer 50624

Inhalt

Vorwort

Eine vierte Klasse beschäftigt sich im Fach Deutsch gerade mit „In Stichpunkten festhalten". Die Lehrerin will am nächsten Tag eine Übungseinheit dazu abhalten und beschließt, dies mit dem Bereich Medien zu verbinden. Geeignet scheint ihr dafür, den Schülern elementare Einsichten in Funktionen und Wirkungen von Filmmusik erfahrbar zu machen. Sie sichtet einige Filmanfänge auf Video und entscheidet sich für eine kurze filmische Sequenz, in der ein Zug bei Nacht in eine Station einfährt. Dann sucht sie heitere, bedrohliche, neutrale usw. Instrumentalstücke auf CD. Im Unterricht richten die Schülern zuerst die nötigen Geräte her, spielen zur Filmsequenz nacheinander die vorbereiteten Musikstücke ab, sprechen in der Gruppe z. B. darüber, welche unterschiedlichen Erwartungen an das im Film Folgende durch die je verschiedenen Kombinationen bei ihnen geweckt werden und schreiben diese Ergebnisse jeder für sich stichpunktartig auf.

„Umgang mit Medien ...": Das voranstehende Beispiel, es wird übrigens später noch detailliert ausgeführt (siehe Seite 36 ff.) mag vorab ausschnitthaft verdeutlichen, was die grundsätzliche Intention des Buches ist: Es will unterrichtspraktische Anregungen mit je unterschiedlichen Schwerpunktsetzungen vorstellen, die den aktiven und produktiven, den reflexiven und analytischen Umgang mit Medien wechselwirkend in den schulischen (Fach-)Unterricht integrieren.

„... im Deutschunterricht": Medien haben mit Sprache, zeichenhaften und erzählenden Bildern usw. zu tun und daher ihren Standort nicht ausschließlich, aber unabweisbar im Deutschunterricht. Und weil Lesen und Schreiben auch zukünftig unverzichtbare Schlüsselqualifikationen für eine kompetente Nutzung der Medien sein werden, drängt es sich geradezu auf, hier integrierende Verknüpfungen herzustellen.

Die weitgehend mehrperspektivischen und fächerübergreifenden Vorschläge haben also ihr Zentrum im Fach Deutsch, die Vorschläge konzentrieren sich darauf zu zeigen, wie im Deutschunterricht an und mit Medien gearbeitet werden kann. Oder anders formuliert: Ausgehend von fachspezifischen Arbeitsfeldern und Aufgaben wird dargestellt, wie der Bereich der Medien mit einbezogen werden kann. Ein durchaus erwünschter Nebeneffekt ist, dass damit unweigerlich einer Beliebigkeit der Modelle vorgebeugt wird.

Zuallererst ist es wichtig, dass Lehrerinnen und Lehrer dazu ermutigt werden, Medien überhaupt in den schulischen Unterricht zu integrieren: „Alle sind sich einig: Schüler brauchen Medienerziehung. Aber viel zu wenig Lehrer machen mit." (MACHT 1997, 19) Und weil auch kleine Schritte zum Ziel führen, werden im Folgenden nicht, wie dies in Publikationen zur Medienpraxis, die den handelnden Umgang übrigens fast nur für die Sekundarstufen I und II vorschlagen, häufig der Fall ist, groß angelegte, mit immensem Material- und Apparateaufwand verbundene Projekte vorgestellt, die die meisten Kolleginnen und Kollegen überfordern und noch mehr verunsichern würden. Ganz bewusst beschränken sich die Vorschläge auf kleinere Einheiten – längstens ein Schulvormittag – mit wechselnden Schwerpunktsetzungen und direkter praktischer Relevanz für den Unterrichtsalltag. Die Anregungen können so größtenteils auch „Einsteiger" realisieren, sind aber vor allem als Anregungen und Ausgangsplattform für selbst konzipierte, auf die eigene Klasse zugeschnittene Einheiten gedacht; nebenbei werden für das professionelle Tun wichtige und notwendige Fachbegriffe, technische Verfahren usw. geklärt. Einzig einige, aber nicht alle, Vorschläge zum Computereinsatz verlangen manchmal ein wenig Vorwissen.

Dieses Vorgehen ist auch deshalb begründet, weil für den Bereich der Medien in der Ausbildung von Lehramtsstudierenden und in der qualifizierenden Weiterbildung von Lehrerinnen und Lehrern immer noch enormer Nachholbedarf besteht und viele Mängel zu konstatieren sind.

Wenn heutzutage von *Medien* die Rede ist, assoziieren die meisten damit sofort die elektronischen, multimedialen oder interaktiven „Neuen Medien" Computer und Internet. Dieser alltagssprachlichen Verengung wird ausdrücklich nicht gefolgt. Wenn es als ein Ziel von Schule angesehen wird, und solche Forderungen verstärken sich angesichts der medialen Entwicklung zunehmend, dass Schülerinnen und Schüler Medienkompetenz oder -bildung erwerben, kann das nur gelingen, wenn dabei alle Medien mit einbezogen werden, also auch „traditionelle" Medien wie das Buch usw., die in der Konkurrenz immer mehr an Boden zu verlieren scheinen.

1 Deutschunterricht und Medien

Tendenzen im Deutschunterricht

Im Deutschunterricht hat sich ein fundamentaler Paradigmenwechsel vollzogen, der als „kognitive Wende in der Deutschdidaktik" bezeichnet wird. Auf der Basis einer kognitiven Lernpsychologie geht man heute – verkürzt gesagt – davon aus, dass sich Individualität in einem dynamischen Prozess des Werdens herausbildet, sich Wirklichkeit auf der Basis subjektiver persönlicher Erfahrungen und Wahrnehmungen konstituiert und dass jedes Lernen ein eigenaktiver Prozess ist. Dadurch verändert sich folgerichtig der Blick auf das, was als wichtig erachtet wird: Nämlich nicht ein wie auch immer klassifizierbares Produkt – als Schlagworte für derartige Ansätze mögen die noch weithin praktizierten Formen von „Aufsatzunterricht" und „Diktat- bzw. Wochennachschriftpraxis" alter Prägung reichen –, sondern „die Lernprozesse, wie sie sich in unserem Gehirn abspielen. Sie [die kognitive Lernpsychologie; KM] begreift dabei das Lernen als selbst gesteuerte, konstruktive innere Tätigkeit." (SPINNER 1995, 129)

Das heißt in einem weiteren Schritt dann aber auch, dass sich Unterricht zu verändern und seine Methoden den verlagerten Gesichtspunkten entsprechend auszuwählen hat. Seine primäre Aufgabe ist es nicht mehr, Wissensvermittlung qua direkter Instruktion zu praktizieren, sondern so vorzugehen, dass bei den Lernenden innenaktive Prozesse initiiert werden.

> „Fast täglich können wir im Unterricht beobachten, dass wir diesem Grundsatz nicht gerecht werden – z. B. wenn wir versuchen, im Rechtschreibunterricht eine Regel ohne Berücksichtigung des Vorwissens zu vermitteln und dann feststellen, dass die Schülerinnen und Schüler anschließend nicht weniger, sondern unter Umständen sogar mehr Fehler als vorher machen. Ein Unterricht, der nicht die innere konstruktive Aktivität stützt, sondern etwas aufpfropft, der stört und verunsichert die inneren Prozesse, z. B. die eigene Regelbildung der Lernenden." (SPINNER 1995, 130)

Einen Schritt in diese Richtung findet man beispielsweise im neuen Lehrplan für bayerische Grundschulen, wo im Bereich „Richtig schreiben" ausdrücklich von eigenständigem „Erproben und Vergleichen sowie Nachdenken über Schreibweisen" die Rede ist (LP 2000, 27).

Wenn im Unterricht individuelle Lernwege nicht nur zugelassen, sondern ausdrücklich erwünscht sind und angeregt werden, bedeutet das für die Lehrenden, dass sich ihre Aufgabe zunehmend in Richtung auf das Begleiten und Stützen dieser Prozesse mit auf den einzelnen Schüler abgestimmten Lernhilfen hin verändert. Damit scheint ein „Lernen im Gleichschritt" für weite Teile des Unterrichts nicht mehr praktizierbar zu sein. Konzepte, die zu einer Öffnung des Unterrichts tendieren, werden zunehmend das Lehren und Lernen bestimmen – die Grundschule ist da in manchem wahrscheinlich schon weiter als andere Schulformen.

Eine beherrschende Stellung nimmt im heutigen Literaturunterricht die handlungs- und produktionsorientierte Literaturdidaktik ein, die auf produktive Verfahren im Umgang mit Literatur setzt. Sie steht in der Tradition der Rezeptionsästhetik, die die Subjektivität des Lese- und folgend Sinnkonstituierungsprozesses unter der Annahme, dass für literarische Texte u.a. „Leerstellen" (ISER) und Polyvalenz kennzeichnend seien, schon in den 70-ern propagiert hat (Stichwort: Leser als Ko-Autor). Zudem haben Ergebnisse der Leseforschung gezeigt, dass das Leseverhalten von Kindern und Jugendlichen sehr wohl von der Art und Weise abhängt, wie Literaturunterricht in der Schule gestaltet wird.

Texte sollten also nicht „nur" gelesen, dann analysiert und (oft) Allgemeingültigkeit beanspruchend interpretiert werden (wobei meistens die Interpretation der Lehrenden dann die „richtigen" sind), sondern Lesen wird im obigen Sinne ebenfalls als konstruktive innere Tätigkeit verstanden. Jeder Leser, jede Leserin versteht einen Text auf der Grundlage des je eigenen Wissens und auf der Basis der je eigenen biographischen Erfahrungen. Durch zum jeweiligen Text passende Methoden wird, und das ist entscheidend, innere konstruktive Tätigkeiten aktivierend im weitesten Sinne produktiv-gestaltend mit dem Text umgegangen. Als aktuelle Aufgaben und Ziele eines solchermaßen ausgeprägten Literaturunterrichts sind unter anderem zu nennen:

- die Leseförderung, nicht als auf die technische Seite des Lesens verengt verstanden, sondern umfassend in dem Sinne, dass bei Schülerinnen und Schülern eine stabile, möglichst lebenslange Lesemotivation aufgebaut werden soll (dazu z. B. HURRELMANN 1995, DEHN et al. 1999);
- die Förderung des Selbstverstehens (Identitätsfindung) und des perspektivenübernehmenden Fremdverstehens (z. B. SPINNER 1980, DEHN et al. 1999);
- die Vorstellungsbildung (Imagination), denn bei der Rezeption von Literatur werden Bilder evoziert, die sich „mehr oder weniger unbewusst [...] als Vor-Stellung im Kopf des Aufnehmenden abspielen. Sie nehmen den Leser in das Gelesene mit hinein und sind Ausdruck seiner anteil-

nehmenden Interaktion mit der fiktiven Welt." (Köppert 1997, 119; dazu auch Abraham 1999);

- die ästhetische Bildung nicht nur in dem Sinne, „wie das Ästhetische eines literarischen (oder musikalischen, bildnerischen, filmischen) Kunstwerkes erkannt und analysiert werden kann, sondern wie die grundlegende Fähigkeit des Menschen, Welt ästhetisch wahrzunehmen, ausgebildet wird." (Spinner 1999, 9)

Im Sprachunterricht führt die Einsicht, dass das Schreiben ein (strukturierbarer) Prozess ist, weg von einer reinen Produktorientierung und damit zu weitreichenden Veränderungen der schulischen Praxis im Bereich der Schriftlichkeit.

Man geht davon aus, dass „motivationale, metakognitive, kognitive, sprachliche, motorische und überarbeitende Prozesse" bei jedem Schreibprozess wesentlich sind (Blatt 1996, 25). Die Schreibumgebung sowie individuelle Verfasstheiten und soziale Faktoren wirken beeinflussend.

Der Schreibprozess lässt sich grob in die Phasen *Planung* (Ideenfindung, Entscheidungen), *Aufschreiben* (lineare Ordnung der Gedanken, Versprachlichung und Organisation zu einem zusammenhängenden Text) und *redigierende Überarbeitung* (inhaltliche, stilistische, rechtschriftliche ... Veränderungen) einteilen, die von unreflektierten Prozessen, beispielsweise imitierenden Verfahren, flankiert werden.

Wenn also nicht mehr nur und ausschließlich das Produkt beim Schreiben von Texten als Verweis auf eine wie auch immer definierte und bewertete „Schreibfähigkeit" hinweist, bedeutet das für die Lehrenden, den Schülern in allen Phasen des Schreibprozesses differenzierte und individualisierte Hilfestellungen anzubieten, z. B. in Form eines „Schreibbüros", wo sich Schreiber und Lehrerin am konkreten Text unter anderem über Formulierungsprobleme verständigen. Kompetenzzuwachs und Lerneffekt für die Kinder sind jedenfalls größer, als wenn die Lehrer zu Hause die Texte nach (oft willkürlichen und nicht immer gänzlich transparenten) Kriterien „korrigieren" und die Kinder nur eine Rückmeldung über eine Ziffernote oder vielleicht ein Worturteil bekommen.

Medien

Begrifflichkeit

Unter dem aus dem Lateinischen stammenden Begriff *Medium*, der übersetzt werden kann als Mittel, Mittelglied, Mittler oder vermittelndes Element, lassen sich eine Vielzahl an Vorstellungen subsumieren, die alle (Teil-)Merkmale des Begriffes beinhalten. So werden beispielsweise Internet, Buch und Fernsehen ebenso selbstverständlich zu den Medien gerechnet wie der Film. Dieser kann je nach Speichermedium nur mit Hilfe eines oder mehrerer weiterer Geräte/Medien betrachtet werden: eines Filmgerätes, eines Fernsehgerätes plus Videorekorder oder DVD-Player oder eines Computers mit entsprechendem Laufwerk plus Bildschirm oder Beamer. Zu den Medien zu zählen sind auch der Lehrer, die Tafelkreide, das Arbeitsheft oder das Tierpräparat usw. Um letztgenannte Medien geht es nicht im Folgenden.

Medien vermitteln einerseits Inhalte und Wirklichkeit, andererseits sind sie aber selbst Wirklichkeit, und damit Gegenstände der unmittelbaren Begegnung. Darüber hinaus lässt sich mit einem Medium, beispielsweise einer Videokamera, wiederum ein Medium herstellen, nämlich ein Film.

In der Literatur wird die Medienvielfalt nach vielen unterschiedlichen Möglichkeiten geordnet, z. B. nach Informationsträgerart, Simulations- oder Codierungsart usw. Zur Vertiefung sei hier auf systematisierende Darstellungen bei WOKITTEL (1994), MAIER (1998) oder TULODZIECKI (1997) hingewiesen.

Kognitivistischen Ansätzen folgend werden die Begriffe Medium bzw. Medien sowie die zur genaueren Bezeichnung allgemein verwendeten charakterisierenden Bezeichnungen, wie z. B. *audiovisuelles* Medium, prototypisch gebraucht, d. h., es wird nicht „angestrengt nach scharfen Grenzen“ gesucht, denn man „erfährt ja immer wieder die Schwierigkeiten, in die man mit den festen merkmalsorientierten Definitionen gerät.“ (SPINNER 1999, 7)

In der Regel wird der Begriff *Medienpädagogik* als Überbegriff für alle „Überlegungen mit Medienbezug“ (TULODZIECKI 1997, 45) benutzt, die wissenschaftliche Disziplin Medienpädagogik versteht sich seit den 80er-Jahren dezidiert als handlungs- und lebensweltorientiert (vgl. dazu HÜTHER/PODEHL 1997). Der Begriff scheint dennoch problematisch, weil er noch immer als einseitig ablaufendes, unidirektionales erzieherisches Handeln missverstanden werden könnte. Das gilt auch für den oft synonym verwendeten Begriff *Medienerziehung,* der sich fälschlicherweise rein normativ-idealisch interpretieren ließe. Denn es ist durchaus vorstellbar, dass eine verschulte, moralisierende Betrachtung beispielsweise des Medienkonsums in der Freizeit möglicherweise völlig entgegen den eigentlichen Intentionen wirken könnte.

Medienpraxis ist nach TULODZIECKI „das Feld, in dem sich Handeln mit Medienbezug – als Mediengestaltung, als Medienverwendung oder als Medienerziehung – vollzieht." (TULODZIECKI 1997, 45) Diese Begriffsdefinition sollte man um die *Medientechnik* erweitern, denn für die Planung und Durchführung von Unterricht sind immer auch Überlegungen notwendig, die sich mit technischen Bedingungen und Gegebenheiten beschäftigen.

Den „Bereich der Didaktik, in dem alle Überlegungen zusammengefasst sind, bei denen es im Wesentlichen um die Frage geht, wie Medien bzw. Medienangebote oder Medienbeiträge zur Erreichung pädagogischer Ziele gestaltet und verwendet werden können bzw. sollen" (ebd., 45), nennt TULODZIECKI *Mediendidaktik*.

Angemerkt werden muss, dass diese Begriffe in vielen Publikationen nur selten trennscharf benutzt werden. Alle bisherigen Definitionen beinhaltend wird im Folgenden von *Umgang mit Medien* die Rede sein. Diese offene Formulierung ist einerseits ganz bewusst parallel zur didaktisch-methodischen Formulierung *Produktiver Umgang mit Texten* gebildet, dem zentralen Anliegen des handlungs- und produktionsorientierten Literaturunterrichts; andererseits soll damit signalisiert werden, dass eine theoretisch-systematische Zergliederung dessen, was in der Grundschule auf dem Gebiet der Medien durchführbar ist, nicht unbedingt sinnvoll ist. Denn was immer Lehrerinnen und Kinder auf diesem Gebiet handelnd, reflexiv oder analytisch tun, es wird unvermeidlich (fast) immer fächerübergreifend sein und sowohl medienerzieherische, medientechnische, medienkundliche … Komponenten als auch fachliche, sprachliche, soziale … Aspekte vereinen.

Umgang mit Medien verweist darüber hinaus ganz dezidiert auf Handlungsorientierung und hierbei nicht zuletzt auch auf das Herstellen von Medien. Es meint mithin eben nicht den im Unterrichtsalltag fast ausschließlich praktizierten Einsatz von Medien im Sinne des *enrichment* von Unterricht, eines rein bereichernd-unterstützenden Einsatzes, beispielsweise durch einen Unterrichtsfilm, der ein vorher verbal erarbeitetes sachkundliches Thema noch einmal verdeutlichen soll.

Ein zentraler Leitbegriff für den Bereich der Medien ist die von den Kindern aufzubauende *Medienkompetenz* (s. dazu S. 15 f.), die sowohl kognitive (z. B. Medienanalyse, Medienkritik) und affektive (z. B. Genussfähigkeit) Komponenten als auch eine Verhaltensdimension (Nutzung und Gestaltung von Medien) beinhaltet (dazu genauer z. B. WERMKE 1997, 135 ff.).

Der Orientierungsrahmen der Bund-Länder-Kommission

Dass Kinder und Jugendliche in eine Medienwelt hineinwachsen, im Alltag mehr oder weniger unablässig sie faszinierende Medienangebote konsumieren und nutzen, sich durch und mit Medien sozialisieren, kann nicht mehr übersehen werden. Nach der im April 2000 veröffentlichten Shell-Studie sitzen 55 % der Jugendlichen an Werktagen bis zu zwei Stunden, 39 % drei und mehr Stunden am Fernseher, können 55 % alleine oder mit anderen über einen Computer verfügen, der hauptsächlich zur Textverarbeitung, zu Computerspielen oder für das Surfen im Internet benutzt wird. Das rasante Tempo der technischen Entwicklungen lässt dabei so manchen Älteren schwindeln, nicht einmal Experten konnten die explosionsartige Ausdehnung und weltweite Verbreitung des Internet noch vor drei, vier Jahren erahnen.

Traditionell standen und stehen Lehrer und Lehrerinnen neuen Techniken und Medien eher skeptisch gegenüber, man denke nur, wie schwer es selbst das in unserer Gesellschaft hoch geschätzte, kulturprägende Buch einstmals hatte, oder gar an die massive Ablehnung des Fernsehens. Die Institution Schule kann (und soll?) freilich nicht auf alle Neuerungen und technischen Fortschritte im Medien- und Kommunikationssektor immer sofort reagieren. Jedoch darf sie angesichts des fundamentalen gesellschaftlichen Wandels, der wohl weder aufzuhalten noch umkehrbar ist, nicht die Augen davor verschließen, dass es ihre Schülerinnen und Schüler sind, die in diese wie auch immer sich noch ausprägende (Medien-)Welt hineinwachsen.

Das bedeutet, auch wenn der Schule von allen Seiten immer neue Aufgaben angetragen werden, dass sich auch Grundschullehrer nicht mehr einfach auf Standpunkte wie „Unsere Kinder haben außerhalb der Schule sowieso (zu) viel mit elektronischen Medien aller Art zu tun“, „Grundschulkinder sind noch viel zu jung dafür“, „Die Medien sind schuld daran, dass unsere Kinder unruhiger, leistungsschwächer ... usw. sind“ oder „Ich kenne mich da nicht so genau aus, also lasse ich es gleich ganz“ zurückziehen dürfen. Die Lehrenden aller Schularten müssen sich den Herausforderungen stellen und sich im Rahmen ihrer Möglichkeiten mit – im Sinne der Chancengleichheit – allen Kindern gemeinsam auf den Weg machen, um Verstehens- und Handlungsfähigkeit, also Lebenstüchtigkeit im und für den Medienalltag zu entwickeln.

Die Bund-Länder-Kommission (BLK) forderte im Orientierungsrahmen von 1995, die „elektronischen Medien für das schulische Lernen intensiver als bisher zu nutzen“ und die „Schülerinnen und Schüler zum verantwortlichen und kreativen Umgang mit Medien zu befähigen.“ (BLK 1995, 41) Wie dies konkret zu geschehen hat, obliegt der Lehrplanhoheit der Länder.

Ganz deutlich wird formuliert: „Medienerziehung wird in der Regel kein eigenständiges Fach und kein eigenständiger Lernbereich sein." (BLK 1995, 20). Diese Entscheidung ist meines Erachtens nicht unproblematisch, und sie wird wohl, wenn die technische Entwicklung so weiterstürmt und entsprechend für rasante gesellschaftliche Veränderungen sorgt, vielleicht noch einmal zu überdenken sein. Die BLK verweist auf die veränderte Bildungssituation in unserer Gesellschaft und die Veränderungen, die die elektronischen Medien bewirkten und bewirken.

> „Vor dem Hintergrund dieser Entwicklung bestehen Chance und Aufgabe der Schule darin, die Nutzungs- und Gestaltungsmöglichkeiten der Medien in ihrem Wert anzuerkennen, sie zugleich in ihren Wirkungen durchschaubar zu machen und diese ggf. zu korrigieren. Die Medienwelt und der von ihr ausgehende Bildungseinfluss sowie die von der Schule verantworteten Bildungsprozesse sollten zusammengesehen werden." (BLK 1995, 8)

Ganz bewusst werden die Unterrichtenden in die Verantwortung genommen, die – Stichwort „Lebenslanges Lernen" – verpflichtet sind, sich autodidaktisch fortzubilden oder fortbilden zu lassen, damit sie „handwerklich-technische Fähigkeiten" aufweisen, um mit „Schülerinnen und Schülern Medienprodukte erarbeiten zu können." (BLK 1995, 37)

> „Die Ausweitung der Informationsmöglichkeiten und die zunehmend in der Verfügbarkeit des einzelnen liegenden Informations-, Bildungs- und Erlebnischancen ermöglichen die Erfahrung selbst gesteuerter Lernprozesse und kreativer Arbeitsformen." (BLK 1995, 12)

Medienkompetenz „als Bestandteil allgemeiner und beruflicher Bildung" und Medienkultur „als Ausdruck eines aufgeklärten Nutzungsverhaltens" (BLK 1995, 14) – die Begriffe werden von der BLK nicht näher definiert – sind die Ziele der schulischen Medienerziehung. Keinesfalls dürfe der Unterricht die „konsumptive Mediennutzung" (BLK 1995, 22) verstärken.

Medieneinsatz im Deutschunterricht

Die rasante Entwicklung auf dem Mediensektor und empirische Befunde, die neben der Tatsache, dass Nicht-Leser viel Zeit vor dem Fernseher oder mit elektronischen Spielen verbringen, auch zeigen, dass gerade Vielleser andere Medien verstärkt und kompetent nutzen, legen nahe, nicht mehr von einem schlicht hierarchisierenden Gegensatz Buch (= „gutes" Medium) versus elektronische Medien (= „schlechte" Medien) auszugehen. Wenn man dazu beitragen will, und das wird zu Recht immer noch als besondere kulturelle Aufgabe betrachtet, dem Buch eine gewichtige Stellung unter all den anderen Medien zu bewahren, müssen die jeweiligen Eigenheiten, Besonderheiten, Vorteile der einzelnen Medien bewusst sein.

Das heißt für den Deutschunterricht, und darauf hat WERMKE in ihrem medienintegrativen Konzept hingewiesen, dass er seinen Gegenstandsbereich zu erweitern, „die normierende erzieherische Funktion, die der Deutschunterricht für eine Buchkultur hatte und hat, neu zu reflektieren und im Hinblick auf unterschiedliche Funktionen des Buches in der Medienkultur zu modifizieren“ und seine Lernbereiche „Lesen und Schreiben aus ihrer Bindung an Buch oder Heft, Sprache und Literatur von der Schrift“ (WERMKE 1997, 47) zu lösen hat.

> Nacherzählung und Inhaltsangabe können an einer Hörfolge von „Benjamin Blümchen“, einem Comic-Heft aus der „Batman“-Serie und einer Folge von „Unser Lehrer Dr. Specht“ genauso geübt werden wie an einem literarischen Text. Die Vorgangsbeschreibung muss nicht für alle Zeiten lauten „Wie repariere ich mein Fahrrad“, sie kann sich auch auf Vorgänge beziehen, die in einem Fernsehmagazin dargestellt wurden (z. B. „Peter Lustig baut ein Windrad“). (WERMKE 1997, 40)

Außerdem hat die „kognitive Wende“ in der Deutschdidaktik, wie oben ausgeführt, einen anderen, neuen Blick auf die Lerner und die ablaufenden Lernprozesse initiiert. Welche Veränderungen sich dadurch im Sprach- und Literaturunterricht entwickelt haben, wurde an Beispielen dokumentiert. Auch Mediennutzung in jeder Form ist gesteuert von Bedürfnissen, Aussagen elektronischer Medien, z. B. filmische, werden gleichermaßen individuell interpretiert, setzen eigene Bilder frei, wie dies bei Literatur der Fall ist (dazu z. B. KÖPPERT 1999). Im Unterricht, insbesondere im Literaturunterricht, werden die Medienerfahrungen der Kinder noch zu wenig berücksichtigt, vorhandenes Wissen, Fähigkeiten und Fertigkeiten nur selten mit einbezogen. Kombiniert man Buch und AV-Medien, indem man beispielsweise einen Text verfilmt, erreicht man dadurch nicht nur eine intensive(re) Auseinandersetzung mit dem Text, sondern gleichzeitig wird eine bewusstere Rezeption vorgefertigter filmischer Medienprodukte angebahnt. Und sind die Unterrichtseinheiten überdies schülerorientiert geplant und werden Medien nicht nur beispielhaft eingesetzt, um zu zeigen, „was man am Buch hat“, stehen die Chancen für eine motivierte erkenntnis- und kompetenzfördernde Zusammenarbeit gut.

Auf der Basis des integrativen Konzeptes von WERMKE nennt BARTH unter dem Oberbegriff *Medienkompetenz* als die vier fundamentalen Aufgaben des Deutschunterrichts im Medienbereich (BARTH 1999, 15 f.):

- Nutzungskompetenz (Fähigkeit, sich der Medien bedienen zu können),
- Kritikkompetenz (kritische Auseinandersetzung mit Medien),
- ästhetische Kompetenz (Entfaltung eines ästhetischen Genusses im Umgang mit Medienangeboten) und
- Gestaltungskompetenz (innovativ-kreativer Umgang mit Medien).

Anzumerken zur Aufgabe der Gestaltungskompetenz wäre noch, dass es beim produktiven Umgang mit Medien in jeder Form nicht nur um das Herstellen eines präsentablen Produktes geht, das möglichst semi-professionellen Maßstäben genügen soll. Entscheidend sind die Einsichten und die zu einem Verstehen führenden Prozesse, die Kinder beim handelnden und produktiven Umgang gewinnen. So gilt hier nicht nur, aber vor allem: Der Weg ist das Ziel.

2 Umgang mit Medien – Anregungen für die Praxis

Vorbemerkungen

Die im Folgenden vorgestellten Anregungen versuchen eine möglichst breite Palette an Möglichkeiten aufzuzeigen und sind so angelegt, dass in immer neuen Kombinationen fachliche Schwerpunktsetzungen mit solchen aus dem Medienbereich korrespondieren und sich gegenseitig beeinflussen. Sie verstehen sich als Denkanstöße, als mögliche Vorlagen für eigene, analog oder variierend gestaltete Einheiten. Die Modelle bauen nicht aufeinander auf, sondern sind durchaus eigenständig.

Verständlicherweise sind, wie sich zeigen wird, nicht alle Anregungen immer mit der ganzen Klasse durchführbar. Bedarf es der Einteilung in Gruppen, kann es sinnvoll sein, in differenzierenden Unterrichtsphasen die Gruppen nacheinander arbeiten zu lassen und dann mit einer gemeinsamen, reflektierenden Phase abzuschließen, in der die Ergebnisse dargestellt, besprochen und gewertet werden. Möglich ist auch, dass sich die Gruppen an mehreren Tagen nacheinander in den Phasen freien Arbeitens mit der Sache beschäftigen; auch hier rundet eine rückschauende Phase ab.

In kurzen Zügen wird der unterrichtliche Verlauf der Vorschläge so dargestellt, wie er erprobt wurde. Dem Charakter der Anregungen gemäß, und weil der erprobte Verlauf nur einer unter anderen alternativ vorstellbaren Möglichkeiten ist, wird auf eine bis ins kleinste Detail ausgeführte Unterrichtsplanung, die eventuell gar als Handlungsanweisung missverstanden werden könnte, verzichtet. Die „Unbestimmtheitsstellen" sind also durchaus gewollt. Überdies gilt es für die Lehrenden, die eigenen Vorerfahrungen, Voraussetzungen usw. ebenso zu berücksichtigen wie die der jeweiligen Klasse – nichtsdestotrotz könnten die Vorschläge selbstverständlich auch so wie dargestellt übernommen werden.

Die Anregungen unterteilen sich grob in zwei Gruppen:

- kürzere Einheiten meint sowohl Vorschläge, die ohne größeren Apparate-Aufwand situativ in das alltägliche Unterrichtsgeschehen, in freie oder differenzierende Phasen integriert werden können und für die kaum mehr als etwa 20 Minuten zu veranschlagen sind, als auch solche, für die

eine ganze Schulstunde (soweit diese Zergliederung des Schultages noch vorhanden ist bzw. praktiziert wird) benötigt wird;
- Anregungen für einen ganzen Schulvormittag.

Selbstverständlich werden Anregungen zu Medien und Komponenten gegeben, die in der (Grund-)schule (noch) nicht überall verfügbar sind, wie z. B. dem Internet oder dem DVD-Player. Diese bleiben bewusst deshalb nicht außen vor, weil sie fraglos zumindest in der privaten außerschulischen Medienausstattung unserer Kinder bereits weit verbreitet sind.

Um die Orientierung zu erleichtern, sind alle Modelle in etwa nach dem gleichen Schema aufgebaut:

- Überschrift mit erstem richtunggebendem Hinweis;
- Thema und Intentionen;
- Voraussetzungen (Material, technische Hinweise usw.);
- Möglicher Verlauf (in groben Linien), an signifikanten Stellen werden Erfahrungen aus der unterrichtlichen Erprobung besonders hervorgehoben; Exkurse zu wichtigen Begriffen, Techniken usw. (signalisiert durch einen Pfeil ➔ an entsprechender Stelle) runden das Kapitel ab.

Kleinere Einheiten für „Zwischendurch"

Wickie, Donald und Pettersson – Figurendarstellung in Zeichentrickfilm, Comic und Bilderbuch als visuelle Wahrnehmungsschulung

Thema und Intentionen

Comics sind eine lineare, visuell-verbale Erzählform mit Bildkästchen (sog. Panels) und Sprechblasentexten bzw. Blockkommentaren. „Die Bindung an die Printmedien bildet das wesentlichste Abgrenzungskriterium gegenüber dem Zeichentrickfilm (animated cartoon), der vielfach die gleichen Stoffe und Figuren verwendet wie auch zu den audiovisuellen Medien der jüngsten Generation." (DOLLE-WEINKAUFF 1999, 776) Das Bilderbuch verknüpft ebenfalls simultanes visuelles mit linearem verbalem Erzählen, wobei das Verhältnis von Bild zu Text sowohl funktional als auch anteilsmäßig differieren kann.

Vergleichen und beschreiben Kinder Figuren aus den drei verschiedenen Medien, so erhalten sie einen ersten Eindruck davon, dass die zeichnerische Gestaltung der Figur stark von den Möglichkeiten des jeweiligen Mediums abhängt und erkennen eine gewisse Nähe von Zeichentrick und Comic. Im Fernsehen wird bei Figuren in Zeichentrickfilmen aus mehreren

Gründen zumeist auf Detailliertheit verzichtet. Das sind zum einen produktionstechnische und finanzielle Gründe. Wobei hier einschränkend gesagt werden muss, dass dies vor allem für Zeichentrickfilme „herkömmlicher Machart“ gilt, denn es ist anzunehmen, dass die Computerisierung des Genres noch mancherlei Möglichkeiten eröffnen wird – Filme wie *Toy Story 1 & 2* sind da erst der Anfang. Zum anderen haben sie mit dem Medium als solchem zu tun: Die schnelle Schnittfolge lässt in der Regel lang dauerndes, intensives Betrachten nicht zu, zudem könnte der Betrachter bei angemessenem Abstand vom Gerät allzu viele Details gar nicht erkennen. Mit dem Zeichentrickbild vergleichbar ist der Comic, hier gründet der weitgehende Verzicht auf Details jedoch auf dem geringen Platz, der aufgrund des Panels für ein Bild verfügbar ist, sowie einer (zumeist) möglichst kostengünstigen Produktion. Das Bilderbuch mit seinen vielfältigen, die Fantasie anregenden Angeboten jedoch, von Mini-Zweitausgaben und billigen Kaufhausbüchern abgesehen, ist in der Regel großformatig, lässt Raum für Details, lädt zu mehrfachem verweilendem Sehen sowie aktiver emotionaler Beteiligung und reflektierender Auseinandersetzung ein.

Ein zweiter Aspekt, der sich aus dem oben Gesagten ergibt, ist, dass es viele Zeichentrickfilme und -serien auch als begleitenden (und das *Merchandising* befördernden) Comic gibt oder andersherum Comics zu Zeichentrickfilmen werden (s. o.). Verfilmungen von Bilderbüchern jedoch haben höchst selten Zeichentrickfilmcharakter, sondern präsentieren in langen Einstellungen die Originalbilder aus dem Buch, zu denen eine Stimme aus dem Off den (mitunter leicht veränderten) Text spricht.

Voraussetzungen

OHP, geeignete Bilder von Zeichentrickserien auf Folie, Comics, Bilderbücher; Fernseh-Video-Einheit, Mitschnitte (➜ 1) von Filmen.

Wie Einzelbilder aus Filmen oder vom Fernseher am Computer, u. a. als Screenshot, hergestellt werden können, wird auf Seite 25 (➜ 3) gezeigt.

Möglicher Verlauf

In von zu Hause mitgebrachten oder vorbereiteten Comics und Bilderbüchern suchen die Kinder Bilder, die eine Person oder Figur in – filmisch gesprochen – Naheinstellung (➜ 2) zeigen, also etwa ein Drittel der Körpergröße. Da dies jedoch ziemlich abstrakt ist, kann man auch von „bis zum Bauchnabel“ sprechen oder mit einer Tafelskizze arbeiten, die den gewünschten Ausschnitt verdeutlicht; ganz nebenbei erwerben die Kinder so handelnd Wissen über eine wichtige Kameraeinstellung im Film. In Partnerarbeit werden die gefundenen Bilder betrachtet und Besonderheiten,

© 2001 Junior.TV GmbH & Co. KG; Licensed trough: EM.TV & Merchandising AG.

Micky Maus Nr. 24 vom 08.06.2000, Leinfelden-Echterdingen: Egmont Ehapa, S. 7.

Sven Nordqvist: Eine Geburtstagstorte für die Katze. Hamburg: Oetinger 1984 Coverillustration (Ausschnitt)

Unterschiede, Eigenschaften entdeckt, die stichpunktartig notiert werden. Danach schließen sich mehrere Partnergruppen zusammen, besprechen und vergleichen ihre Ergebnisse. Per Overhead wird nun der Screenshot aus dem Wickie-Zeichentrickfilm gezeigt. Erst jetzt mündet das Geschehen in ein Gespräch (Sitzhalbkreis mit Blick zur Tafel), an dem die ganze Klasse beteiligt ist. In den Äußerungen fassen die Kinder noch einmal ihre Ergebnisse zusammen, geben und verwerten Informationen, integrieren andere Beiträge in ihre Argumentation, beziehen das alles nun jedoch auch auf das ‚neue' Bild. Hat man noch weitere Folien mit ähnlichen Bildern, kann man durch Anordnung auf dem Overhead (Comic und Zeichentrickbild nebeneinander) die Sache noch augenfälliger machen und so die Erkenntnis bei den Schülern fördern oder vertiefen, dass das Zeichentrickbild enger mit dem Comic verwandt ist als mit der Bilderbuchgrafik.

Als weiterer Impuls werden Comics in die Mitte gelegt, die entweder im Gefolge eines Zeichentrickfilmes produziert wurden oder Vorbild für einen Film waren – Kinder wissen darüber meist sehr gut Bescheid!

Zur Vertiefung des Erarbeiteten wäre es sinnvoll, entweder anschließend oder in einer zweiten Einheit am folgenden Tag einen kurzen Ausschnitt aus einem Wickie-Film einer filmischen Bilderbuchadaption gegenüberzustellen. Wahre Fundgruben sind hierfür beispielsweise das *Sandmännchen*, das im Kika, vorher: Kinderkanal, täglich von 18.55 bis 19.00 Uhr ausgestrahlt wird, oder der Klassiker *Sendung mit der Maus*, sonntags von 11.30 bis 12 Uhr in der ARD. Die Klasse kann sich noch einmal darüber austauschen, aus welchen Gründen die beiden Clips so unterschiedlich „gemacht" sind.

➔ 1 Mitschnitte von Fernsehen oder Video

An dieser Stelle wird ausdrücklich darauf hingewiesen, dass selbstverständlich beim Einsatz von Mitschnitten im Unterricht die Vorschriften des Urheberrechts zu beachten sind.
Zur Klärung:
„1. Nach § 53 des Urheberrechtsgesetzes (UrhG) ist die Herstellung einzelner Vervielfältigungen für den privaten Gebrauch als Ausnahme vom Urheberrechtsschutz auch für die Aufnahmen von Fernsehsendungen mit einem Videorekorder oder für das Überspielen fertig bespielter Videokassetten zulässig.
2. Nach § 15 UrhG ist die nicht öffentliche Vorführung eines Videofilmes oder eines TV-Serienmitschnittes ohne Genehmigung des Urhebers zulässig. Nicht öffentlich im Sinne des Gesetzes ist jede Vorführung vor „einem zahlenmäßig begrenzten, durch persönliche Beziehungen miteinander oder mit dem Veranstalter verbundenen Personenkreis", damit also auch jede Vorführung vor Schulklassen, Leistungskursen, Seminargruppen." (Heidtmann 1993, 13)

➔ 2 Naheinstellung

Es ist etwa ein Drittel der Person/en zu sehen. Bei einer solchen Einstellung ist „die Kamera längst *kein neutraler Beobachter mehr. Sie sondiert, wählt aus, trifft damit Wertungen.* Die Naheinstellung ist deshalb *subjektiver und emotionaler* als totalere Bildausschnitte, mit denen sich der Zuschauer kaum *identifizieren* kann." (Kandorfer 1994, 78)
Weitere wichtige Einstellungen sind

- Totale (Überblick, kaum Einzelheiten),
- Halbtotale (Personen in voller Größe),
- Halbnah (Personen mit etwa 2/3 ihrer Größe),
- Großaufnahme (menschlicher Kopf bildfüllend),
- Detail (z.B. nur Augen usw.).

Die Naheinstellung liegt zwischen den Einstellungen Halbnah und Großaufnahme.

Die doppelte Cruella – Argumentieren üben an Einzelbildern aus Filmen

Thema und Intentionen

Die eigene Meinung mündlich oder schriftlich zu begründen, vielleicht, um sich auf eine Lösung hin auszutauschen, ist eine wichtige Komponente des sozialen Miteinanders (vgl. dazu OTTO/SPINNER, Praxis Deutsch 160/2000 und METZGER, Praxis Deutsch 160/2000). Das Argumentieren kann in der Schule sinnvoll dann geübt werden, wenn Situationen geschaffen werden, in denen das Austauschen von Argumenten zwangsläufig nötig ist.

Um eine solche Situation zu schaffen ist es reizvoll, ein Einzelbild einer Szene aus einem Zeichentrickfilm einem Bild der entsprechenden Szene aus einem Spielfilm gegenüberzustellen, hier beispielhaft *101 Dalmatiner*, sowohl in einer Zeichentrickversion der Disney Company (Regie: Wolfgang Reitherman/Hamilton S. Luske/Clyde Geronimi; The Walt Disney Company) als auch als Spielfilm (Regie: Stephen Herek. 1996 Buena Vista Pictures) auf Video und DVD erhältlich. Hier ist äußerst genaues Betrachten notwendig, damit Bildinformationen gefunden werden, die sich nachher als Argumente für die eigene Meinung nutzen lassen.

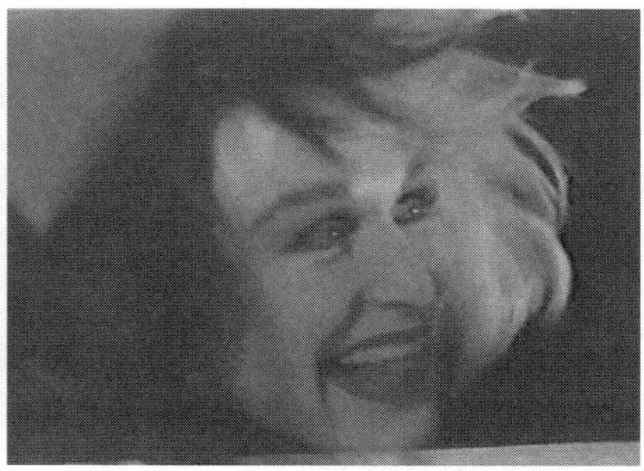

Voraussetzungen

Am Computer generierte Einzelbilder (→ 3), eventuell auf Folie gedruckt; TV-Video-Kombination

Möglicher Verlauf

Jeweils zwei Kinder erhalten Kärtchen (siehe S. 24) mit den beiden aus den Filmen isolierten Einzelbildern, die sie erst einmal gemeinsam betrachten, und einen kleinen Fragebogen. (Alternativ könnte man die Bilder auf Folie drucken.)

Die schriftlich zu bearbeitenden Fragen 1 und 2 zielen darauf, die Filmgattungen herauszufinden (Zeichentrick – Spielfilm), Unterschiede im dar-

> 1. Worin unterscheiden sich die Bilder?
> 2. Was haben die Bilder gemeinsam?
> 3. Gehören die Bilder zusammen?
>   Ja, weil …
>   Nein, weil …

gestellten Ausschnitt zu erkennen (Bild 1: Halbnah, Bild 2: Großaufnahme), durch genaue Bildbetrachtung und -analyse Details herauszufinden, die nur in einem oder in beiden Bildern auftauchen.

Frage 3 fordert von den Kindern, die Beobachtungen zu gewichten, in Argumente umzumünzen und sich zu entscheiden.

Nach zehn Minuten werden die Fragen gemeinsam erörtert; dabei können die Kinder auf ihre Aufzeichnungen zurückgreifen.

Sofort und ziemlich übereinstimmend werden sie den grundlegenden Unterschied (Zeichentrickfilm – Spielfilm) zwischen den beiden Bildern feststellen, Situation, Gesichtsausdruck, Kleidung analysieren und erzählen, was da wohl gerade passiert sein könnte.

Und nun: Gehören die Bilder zusammen?

In der 4. Klasse, in der das Modell ausprobiert wurde, meinten diejenigen, die die Frage verneinten, es wären „halt zwei verschiedene Filme, die können nicht zusammengehören"; die Frau auf Bild 1 schimpfe, die andere aber lache. Und: „Auf dem einen sieht man mehr als auf dem anderen!". Die Kinder, die meinten, die Bilder gehörten trotzdem „irgendwie doch zusammen", konnten mit übereinstimmenden Details aus beiden Bildern argumentieren: den Haaren, bei beiden Frauen halb schwarz, halb weiß; dem milchigen Streifen (der vielen gar nicht auffiel) am unteren Rand von Bild 2, der ein schlagendes Argument der Gruppe darstellte: sie deuteten dies als zu einem Auto gehörig, bei dem das Fenster heruntergekurbelt sei.
(Werden die Bilder farbig präsentiert, sieht man, dass das Auto auf Bild 1 rot ist, ebenfalls rot ist das helle Dreieck links oben bei Bild 2 – ein weiteres Argument dafür, dass beide in einem – roten – Auto sitzen.)

In der Diskussion ist es wichtig, aktiv zuzuhören, Argumentationsstrategien anzuwenden, damit die Argumente anderer eventuell durch eigene ergänzt oder aber entkräftet werden können.

Die zu den Bildern gehörenden Szenen sollten abschließend angesehen werden, nicht nur um Beobachtungen und Entscheidungen zu verifizieren – tatsächlich sitzt Cruella in beiden Szenen in einem roten Auto, und beide Male ist sie auf der Suche nach den sich versteckenden Dalmatinern, kurz bevor die Filme ins (obligatorische) Happy End münden – sondern auch, um den Kindern die Einsicht zu vermitteln, aus wie vielen Einzelbildern, die wir in ihrer Singularität gar nicht wahrnehmen, ein Film besteht. Man gibt also einem Kind oder (nacheinander) mehreren Kindern die Fernbedienung mit dem Auftrag: „Wenn du genau dieses Bild von der Folie/dem Arbeitsblatt siehst, drücke die Pausentaste!“. Im Vergleich wird den Schülern nicht nur die schiere Unmöglichkeit bewusst, auf diesem Wege das exakte Bild zu treffen, das Vor- oder Zurückspulen im Slow- oder Einzelbild-Modus verdeutlicht zudem, wie viele fast, aber eben nur fast, identische Phasenbilder (➜ 4) vorhanden sind.

➜ 3 Einzelbilder aus Filmen herstellen

Die gängigste Methode ist, ein Videoband an der gewünschten Stelle per Pausen- oder Still-Taste anzuhalten. Problematisch ist bei diesem Verfahren, dass der Ausschnitt kaum exakt getroffen wird und oft Bildverzerrungen, Streifen o. Ä. auftreten. Ein großer Nachteil ist zudem die mangelhafte Reproduzierbarkeit: das Standbild müsste abfotografiert werden – ein höchst umständliches Verfahren, das auch qualitativ nicht befriedigt.
Verfügt man über einen PC mit TV-Karte, inzwischen fast Standard, kann sowohl das TV-Programm empfangen als auch der Videorekorder an den PC angeschlossen werden. Die mitgelieferte Software erlaubt auch bei kostengünstigen Modellen eine Vielzahl von Funktionen, unter anderem die *Screenshot*-Funktion, die eigentlich dem obigen Verfahren entspricht nur mit dem Unterschied, dass das festgehaltene Bild abgespeichert und mit einem Grafikprogramm weiterbearbeitet und/oder in eine Textverarbeitungsdatei eingefügt werden kann.
Ein dritter Weg ist momentan der beste, jedoch nur für jemand geeignet, der erfahren ist im Umgang mit dem Computer: Ein kurzes Stück der Szene, die das gewünschte Bild enthält, wird als Videodatei (*.avi oder *.mpeg) auf Festplatte gespeichert; das leistet – bei entsprechender Hardwareausstattung – eigentlich jede Software. Diese kurze Sequenz wird mit einem Videobearbeitungsprogramm in ihre Einzelbilder *(frames)* zerlegt, das gewünschte Bild kann nun exakt ausgewählt und abgespeichert werden. Videobearbeitungsprogramme müssen übrigens nicht unbedingt für teures Geld gekauft werden. Über das Internet kann man sich solche Programme als Freeware (völlig umsonst), Shareware (ein geringer Betrag ist zu entrichten) oder Trialversion (meist nach 30 Tagen stellt das Programm automatisch seinen Dienst ein, keine Kosten) herunterladen.

→ 4 Phasenbilder

Damit ein Film nicht als aus einzelnen Phasenbildern bestehend, sondern als Dauerbild wahrgenommen wird (stroboskopischer Effekt), ist eine Mindest-Frequenz von 16 Bildern pro Sekunde notwendig, standardisiert sind beim Film 24 Bilder pro Sekunde (PAL 25 pro Sekunde, NTSC 30 pro Sekunde). Dass die äußerst kurzen Unterbrechungen bei den Lichtbildern nicht wahrgenommen werden, liegt daran, „dass die auf unserer Netzhaut stattfindenden chemischen Prozesse ***nicht abrupt abklingen.*** Um kein ,Flimmern' zu erzielen, darf die Dunkelphase nicht zu lange dauern. Die ***,Verschmelzungsfrequenz'*** ist von verschiedenen Faktoren wie Helligkeit, Dunkeladaption oder Ort der Netzhautreizung abhängig und liegt zwischen 10 und 70 Bildern pro Sekunde. Das Phänomen der optischen ,Nachwirkung' wird als **positives Nachbild** bezeichnet." (KANDORFER 1994, 125)

Plastilinis – Einen Stummfilmclip versprachlichen

Thema und Intentionen

Viele kurze, eigentlich dialogisch angelegte Clips für Kinder bieten im Tonbereich nur Geräusche und Musik, verzichten wegen der Eindeutigkeit von Bildaussagen und Inhalt absichtlich auf synchrone Sprache oder bedienen sich einer Kunstsprache, beispielsweise Gramelot. Hierzu gehören die Plastilin-Figuren der *Sesamstraße* ebenso wie der Maulwurf aus der *Sendung mit der Maus* oder die *Pingu*-Filme. Sieht man sich mit Kindern solch einen Clip an, drängt es sie danach, das Gesehene in Sprache zu fassen, entscheidende Stellen aus ihrer Sicht zu erklären usw. Dieser Drang zur Versprachlichung kann auch auf etwas andere Art genutzt werden: Die Kinder sollen nicht nur nach-erzählen, sondern zum ablaufenden Clip parallel eine Tonaufnahme mit dem Kassettenrekorder erstellen.

Die Schüler müssen (unbewusst) eine Vielzahl komplexer Teilaufgaben leisten, die hier nur angedeutet werden können: Der Handlungsverlauf muss verstanden, Perspektiven der Handelnden eingenommen, Mimik und Gestik der Figuren sowie elementare filmische Mittel decodiert werden usw. Die Ergebnisse dieser kognitiven und emotionalen Prozesse werden gebündelt und in dialogische Sprache umgemünzt. Bei der Tonaufnahme ist verständliches und ausdrucksvolles Sprechen ein weiterer Schwerpunkt.

Weil das alles nicht immer ganz einfach ist und unter Umständen auch Probleme (z. B. der Synchronie von Bild und Sprache) mit sich bringen kann, ist es wichtig, mindestens vier grundlegende Voraussetzungen zu beachten: Der gewählte Ausschnitt sollte erstens dramatisch, also dialogisch angelegt, zweitens kurz (zwei bis drei Minuten), drittens in seiner Aussage eindeutig sein. Und viertens: Je weniger Figuren mitspielen, desto einfacher gestaltet sich erfahrungsgemäß die Tonaufnahme.

Voraussetzungen
TV-Video-Kombination, Videoaufnahme eines Plastilinis-Clips (oder eines entsprechend anderen Clips); Kassettenrekorder mit zwei externen Mikrofonen (die meisten Rekorder haben nur einen Eingang für ein externes Mikrofon, es gibt jedoch für ca. 10 DM 2-in-1-Weichen zu kaufen, d. h. es können dann zwei Mikros eingesteckt werden), prinzipiell würde jedoch auch eines genügen; modifiziertes, vereinfachtes Storyboard (➜ 5)

Möglicher Verlauf
Gemeinsam sieht man sich den kurzen Clip zweimal an, unterbrochen nur durch kurzes Rückspulen. Ein kurzes Gespräch über das Gesehene („Die reden ja japanisch!") schließt sich an.

Inhalt: Die Plastilinis finden schmutzige, unaufgeräumte Zimmer vor und beschließen sie zu säubern. Während sich die orangefarbene Figur in der Küche sofort an die Arbeit macht, spielen die grüne und die blaue lieber im Wohnzimmer. Erst nach einem Donnerwetter und dem misslingenden Versuch, sich mit einem Trick vor der Arbeit zu drücken, räumen auch die beiden ihr Zimmer auf und es kann gemeinsam gegessen werden.

> Meine ursprüngliche Planung, die Klasse in sechs Gruppen einzuteilen, die dann jeweils eine Szene (Einteilung: S1: 0:00 – 0:30 — S2: 0:31 – 0:44 — S3: 0:45 – 1:07 — S4: 1:08 – 1:40 — S5: 1:41 – 2:20 — S6: 2.21 – 2:59) vertonen, fand bei den Kindern mit dem Argument, „dass man dann ja zu einer Figur verschiedene Stimmen hört", keine Gnade. Sie beschlossen, es sei besser, nur drei Gruppen zu bilden, die dann aber den ganzen Clip vertonen sollten. Für die Organisation machte das keinen Unterschied, wohl aber für die zu veranschlagende Zeit. Die TV-Video-Einheit wurde, weil kein Gruppenraum vorhanden, auf den Gang geschoben und ein Tisch mit allem Nötigen dazugestellt. Die Gruppen machten sich nacheinander ans Werk, während im Klassenzimmer am Mathematik-Lernstoff geübt wurde.

Um das Experimentieren sowie das selbstständige Arbeiten zu fördern und um bereits vorhandene (technische) Kompetenzen abzurufen, kann man durchaus auf detaillierte Handlungsanweisungen verzichten und nur dann eingreifen, wenn die Kinder das wünschen. Sinnvoll (und entlastend) ist es, einen Umschlag mit möglichen Hilfen vorzubereiten, auf die zurückgegriffen werden kann.

Im „Nur für den Notfall!"-Umschlag konnten die Schüler eine Checkliste und ein einfaches Storyboard (folgende Seite) finden:

Schwierigkeiten mit der Technik?

Bitte überprüfen Sie:

- Sind die Stromkabel eingesteckt?
- Sind die Mikros richtig angeschlossen?
- Sind die Mikros auf **On** während der Aufnahme?
- Ist am Rekorder die Aufnahmetaste ⊡ gedrückt?

Einige Tipps:

- Spult das Kassettenband etwas vor (jede Audiokassette hat am Anfang für etwa fünf Sekunden ein Leerband, auf das nicht aufgenommen werden kann) und setzt das Zählwerk auf Null.
- Bereitet Video- und Kassettenrekorder so vor, dass die Bänder mit der Pausentaste ⏸ angehalten werden (dazu muss vorher die Play-Taste ▶ gedrückt werden!), denn damit ist der Bandzug hergestellt und ihr könnt gleichzeitig starten!
- Verabredet ein Zeichen, damit ihr gleichzeitig die Play-Taste ▶ drückt, wenn die Aufnahme startet.
- Versucht ohne Pause aufzunehmen!

Hört euch eure Aufnahme an. Was könnte man ändern oder verbessern? Ist eine zweite Aufnahme nötig?

Sind alle Gruppen fertig, werden zuerst im Gesprächskreis aufgetretene Probleme (vor allem Synchronie der Bänder und Synchronie von Sprache und Bild sowie „Wer macht/spricht was?", auch technische Probleme) thematisiert. Nun führen die Gruppen nacheinander ihre Ergebnisse vor und berichten – das ist das eigentlich Spannende – in einer Art Arbeitsrückschau darüber, wie sie an die Sache herangegangen sind.

Die erste Gruppe sah sich den Clip noch einmal an, ließ einen „Trockendurchgang" folgen, in dem die Sprecher spontan parallel zum Film sprachen, nahm anschließend sofort auf und war mit dem Ergebnis zufrieden. Gruppe zwei öffnete als erstes den Umschlag und versuchte, alle technischen Punkte und Tipps der Reihe nach durchzugehen. Dann sahen sie sich den Film an, versuchten die abgedruckten Bilder im Film zu identifizieren und notierten das Geschehen in Stichpunkten daneben. Mit ihrer ersten Aufnahme waren sie nicht zufrieden, und als auch die zweite nicht wunschgemäß lief, machte sich erster Unmut breit und es bedurfte viel guten Zuredens, damit noch ein Aufnahmedurchgang ge-

Schwierigkeiten beim Aufnehmen

Ist es schwierig, sich all das zu merken, was die Figuren sprechen? Dann ist es vielleicht sinnvoll, sich einige Notizen zu machen oder ganze Redeteile zu notieren. Die Bilder zeigen dir die sechs Hauptteile des Films. Notiere daneben, was du für wichtig hältst.

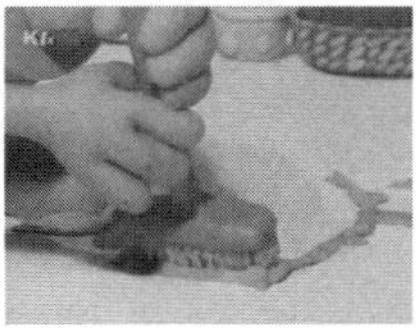

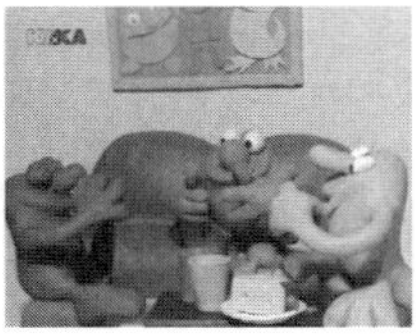

startet wurde. Die dritte Gruppe verteilte zuerst die Aufgaben, las dann die Blätter im Umschlag durch. Weil aber doch „klar ist, was die da reden", verzichteten sie auf eine schriftliche Fixierung. Dann wurde der Film einmal ganz angeschaut, bei einem zweiten Durchgang wurde an einigen Stellen unterbrochen und Formulierungen mündlich vorbesprochen. Die folgende Aufnahme wurde nicht mehr abgehört.
Ein Mädchen sagte: „Dann ist das ja gar nicht so einfach, wenn die einen amerikanischen Film ins Deutsche übersetzen und darum dauert das so lang!" Eine Einsicht, der Synchronsprecher wohl zustimmen würden.

Legt man einen Schwerpunkt darauf, dass die Kinder vorher ein einfaches *Storyboard* mit Hilfe der Vorlage erstellen, sollte das als konkreter Arbeitsauftrag formuliert werden.

→ 5 Storyboard

Ein Storyboard ist mehr als ein Exposé und weniger als ein Drehbuch. Es besteht i. d. R. aus einfachen Skizzen, die die Filmstory in Bilder umsetzen. Zu jedem Bild werden Einstellung, Kamerastandort usw. notiert. Je nach Schwerpunkt einer Einheit ist es manchmal empfehlenswert, ein vereinfachtes Storyboard zu verwenden.

Der König der Löwen trifft Mulan – Wahrnehmungs- und Redeschulung durch Vergleich von Filmsequenzen

Thema und Intentionen

Präsentieren sich spannende Situationen in spektakulären Bildern, wird beim Zuschauer das Gefühl des Miterlebens, des quasi ‚Dabeiseins' gesteigert. Das gilt, auch wenn der (kindliche/jugendliche) Zuschauer bewusst oder unbewusst um die Fiktionalität des Dargestellten weiß, gleichermaßen für Zeichentrickfilme.

Mit welchen, auch zur ästhetischen Gestaltung eingesetzten, medialen Mitteln Spannung erzeugt wird, kann exemplarisch an je einer Szene aus den Walt-Disney-Filmen *Der König der Löwen* (1994) und *Mulan* (1998) gezeigt und analysiert werden. Und interessanterweise lässt sich dabei gleichzeitig herausfinden, dass in Film und Fernsehen nicht nur Serienprodukte mit schematisierten Mustern, sich ähnelnden Strukturen, oft klischeehaften Figuren oder, wie es im Beispiel der Fall ist, fast identischen Versatzstücken arbeiten.

In *Der König der Löwen* wird der Löwe Mufasa von seinem Widersacher Scar in eine Falle gelockt und, während er versucht seinen Sohn Simba zu retten, von einer entfesselten Gnuherde zertrampelt. Der Film zeigt, etwa nach 30 Minuten, wie sich die Gnuherde über einen Abhang buchstäblich in das Tal ergießt, das für Mufasa zur tödlichen Falle wird.

Als es in *Mulan* zum Kampf zwischen den Hunnen und dem chinesischen Heer kommt, greifen die Animatoren, nur vier Jahre später, auf dieses Muster zurück und stellen den Beginn der Schlacht fast identisch dar (etwa bei Minute 52): Nun strömen Hunnen über einen verschneiten Bergrücken den Chinesen entgegen.

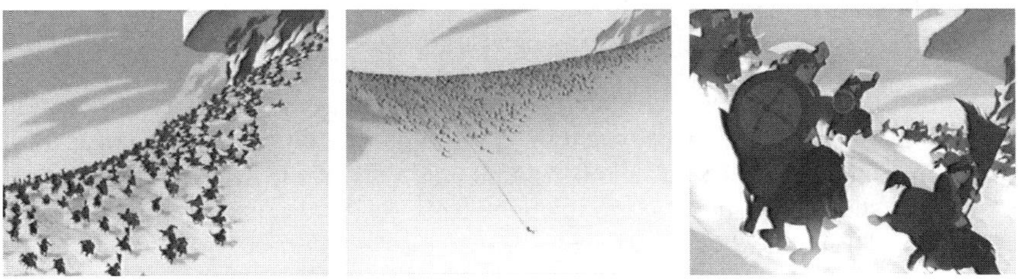

Auch die Abfolge an weiten und nahen Einstellungen ist ähnlich. Und vergleicht man die Bilder 3, erkennt man, dass das Staubaufwirbeln der Gnus, wodurch die Szenerie an Realitätsnähe gewinnt (und umso bedrohlicher wirkt), bei *Mulan* durch aufwirbelnden Schnee ersetzt wird.

All diese geschilderten Beobachtungen bieten einen günstigen Ausgangspunkt dafür, die rhetorischen Fähigkeiten von Grundschülern zu fördern, es bedarf nämlich nicht nur genauer Beobachtungen, sondern auch einer präzisen Sprache bei deren Verbalisierung.

Sprache mündlich angemessen zu gebrauchen ist ein fundamentales Ziel von Unterricht. Um dies zu erreichen, sollte jede sich im Laufe des Schulvormittags bietende Möglichkeit genutzt werden. Mit Blick auf die Zuhörenden sollten diese Situationen interessante aktuelle Ereignisse aufgreifen. Und weil sich viele Kinder (und auch Erwachsene) scheuen, vor einer Gruppe zu stehen und zu sprechen, sollte gerade das so oft wie möglich geübt werden.

Voraussetzungen

TV-Video-Kombination, Kaufkassetten der Filme *Der König der Löwen* und *Mulan,* Screenshots, Overhead

Möglicher Verlauf

Zuerst werden die auf Folie kopierten Screenshots gezeigt. Vergleichend werden im Gespräch Ähnlichkeiten analysiert: Bergrücken, immer mehr Tiere bzw. Menschen, das dritte Bild zeigt einen kleineren Bildausschnitt usw. Bewusst wird das Gespräch in und mit der ganzen Klasse geführt. Wahrgenommenes kann so unmittelbar allen anderen mitgeteilt, von diesen ad hoc modifiziert oder durch zusätzliche Aspekte bzw. Hintergrundwissen, beispielsweise zu den Filmen, ergänzt werden.

Anschließend werden die Filmausschnitte für einen ersten Eindruck hintereinander je einmal gezeigt. Der Arbeitsauftrag vor dem zweiten Durchgang lautet: „Besprecht in der Gruppe, wie in den Filmausschnitten Spannung erzeugt wird." Ein drittes Mal werden, wenn möglich, die Sequenzen im Slow-Modus (Zeitlupe) gezeigt.

Die Ergebnisse der Gruppenarbeit tragen die Kinder frei vor der Klasse vor.

> Zweierlei war für die Kinder am eindrücklichsten: „Wenn man da unten steht und die da alle plötzlich über den Berg kommen, würd' ich auch erschrecken!" – zum einen also der Kniff, die Gnus und Soldaten quasi wie aus dem Nichts in immer stärker werdender, unübersehbarer Masse heranschießen zu lassen, zum anderen das atemberaubende Tempo der Szenen.

Das Farbenfest – Ein Bilderbuch ergänzen und verfilmen

Thema und Intentionen

Viele Filme basieren auf (schon lange vorhandenen) literarischen Vorlagen – der *König der Löwen* beispielsweise war der erste Disney-Film überhaupt, der nicht auf einer bereits existierenden Geschichte fußte.

Neben den medienspezifischen Einsichten, u. a. so grundlegende wie die, dass ein Buch zu einer Textvorlage für einen Film werden kann, und der Begegnung mit Literatur liegt ein Schwerpunkt der Einheit auf dem Bereich Schreiben. Das mit dem Medienbereich kombinierte textproduktive Verfahren des Ergänzens von Textteilen bringt motivierende Vorteile für den Prozess des Texteschreibens, eines wegen der Dominanz normierender Darstellungsformen eher ungeliebten Teilbereiches des Faches. Nur einige Aspekte: Die Schreibaufgabe ist lösbar, denn sie entlastet die Kinder, weil sie in der Gruppe schreiben, sich keine eigene Geschichte ‚ausdenken' müssen, am Ende aber doch ein fertiges Produkt vorweisen können; man gewinnt exemplarisch Einsicht in den logischen Aufbau einer Geschichte, der fehlende Textteil muss zum vorgegebenen Rahmen passend ergänzt werden.

Im gewählten Beispiel besteht die hauptsächliche Anforderung an die schriftsprachlichen Gestaltungs- und Formulierungsfähigkeiten der Schüler darin, sich innerhalb des vorgegebenen Rahmens einer Geschichte zu sieben Bildern kurze Abschnitte (teilweise in direkter Rede) zu überlegen und aufzuschreiben.

In der Erprobung wurde *Das Farbenfest* von Lars Rudebjer und Dan-Erik Sahlberg (Ravensburg: Maier 1991) verwendet, denn der – empfehlenswerterweise – kurze Bilderbuchtext weist einen einfachen Handlungsverlauf und eine klare Struktur auf.

Inhalt: Familie Maus will im Juli ein Farbenfest feiern. Alle Kinder werden ausgeschickt, zu einer bestimmten Farbe Dinge zu suchen. Wer dabei was findet, wird in sieben Szenen erzählt. Am Ende sind alle Farben gefunden und das Fest kann beginnen.

Weil das Schreiben in Richtung Film wenig Sinn macht, wenn die Geschichte nicht in einer filmischen Umsetzung erprobt wird, setzt sich das Modell aus mehreren kürzeren Einheiten zusammen:

- Die Gruppen entwickeln und schreiben ihre Texte.
- An mehreren aufeinander folgenden Tagen verfilmen die Gruppen ihre Geschichten in der Art der nicht-animierten Bilderbuchverfilmungen (die Bilder des Buches werden abgefilmt, aus dem Off sprechen die Kinder die dazugehörigen Textteile). Der Vorteil dieses Verfahrens ist, dass man sich keine Gedanken über Requisiten, Kostüme, Bühne usw. machen muss, sondern jede Gruppe bei entsprechender Vorbereitung innerhalb kürzester Zeit (max. 20 Minuten) einen fertigen Film hat, den sie, da er auf der Grundlage eigener Geschichten von ihnen realisiert wurde, stolz als den ihren präsentieren.

Voraussetzungen

Geeignete Textvorlage, Videokamera plus Stativ (und externen Mikrofonen), Halterung, um das Bilderbuch einzuspannen, TV-Video-Kombination

Möglicher Verlauf

Im Sitzkreis werden grob Ablauf (z. B. welche Gruppe wann filmt) und Organisation (z. B ‚Filmstudio' auf dem Flur, Modus des Filmens usw.) für die kommenden Tage festgelegt; das Wichtigste wird auf einem Plakat festgehalten. Das kann zwar (auch) rein verbal erklärt werden, eindrucksvoller ist es jedoch, wenn man beispielhaft die Verfilmung eines Bilderbuches in der Art zeigt, wie sie geplant ist. Die ‚Sandmännchen-Zeit‘ im Kika (täglich 18.55 bis 19.00 Uhr), die *Sendung mit der Maus* oder die *Sesamstraße* bieten qualitativ hochwertiges Filmmaterial. Jede Gruppe erhält einen Umschlag mit allem, was für eine weitestgehend eigenständige Arbeit nötig ist:

- Arbeitsaufträge sowie Hinweise und Tipps für das Schreiben und Filmen (vgl. S. 28, leicht zu verändern);
- den Anfang und das Ende des Textes;
- die auf zwei Blätter kopierten Bilder des Buches, zu denen die Kinder schreiben und bei denen der ursprüngliche Text eliminiert wurde.

1

Das Farbenfest

Auf Blatt zwei könnt ihr den Anfang und das Ende einer Geschichte lesen. Das Fragezeichen markiert, dass dazwischen ein Stück fehlt. Das sollt ihr in der Gruppe schriftlich ergänzen (Blatt 3).
Ihr wisst, dass ihr die Geschichte auch verfilmen dürft, und zwar so, dass die Bilder abgefilmt werden und dazu der Text vorgelesen wird. Überlegt also, was ihr berücksichtigen müsst, damit eure Texte auch für den Zuschauer und Zuhörer interessant sind!

[Filmtipps analog denen auf Seite 28]

Notizen der Gruppe

Wir sind am __________ mit dem Verfilmen an der Reihe.

Kamera: ______________________________

Technik: ______________________________

Sprecher und Sprecherinnen: ______________________________

Sonstiges:

____

____

____

____

____

2

Das Farbenfest

Lars Rudebjer und Dan-Erik Sahlberg
Ravensburg: Otto Maier 1991

Jedes Jahr im Juli, wenn die Sonne hoch am Himmel steht und der Wald voller Farben ist, feiert Familie Maus ein Farbenfest.
In aller Frühe werden die Mäusekinder geweckt. „Aufstehen, Farben suchen!“, ruft die Mäusemutter.
Zuerst zeigt sie ihren Kindern die Farben. Dann sagt sie jedem Kind, welche Farbe es suchen soll.

So bringt ein Mäusekind nach dem anderen seine Farbe nach Hause. Da kommt allerhand zusammen.
Es wird ein richtig bunter Farbenberg. Die Mäusemutter prüft jede Farbe.
Hurra, alle Farben sind gefunden!
Das Farbenfest kann beginnen.
„Jetzt tanzen wir den Mäuseringelreihen!“, ruft der Mäusevater. „Auf die Plätze, fertig, los!“
Sie tanzen und singen bis in den Abend. Erst als die Sonne untergeht, werden sie still, und Großmutter und Großvater spielen ganz leise ein Gutenachtlied.

3

____

____

____

____

____

____

Das Verfilmen findet im Gruppenraum oder auch auf dem Flur statt, dabei ist eigentlich nur auf gute Lichtverhältnisse zu achten. Die Kamera (auf Stativ) bleibt während des Filmens ebenso fest wie die Halterung, auf der das Bilderbuch fixiert ist. Die filmenden Kinder sind dadurch entlastet und können sich darauf konzentrieren, Anfang und Ende einer Szene zu markieren sowie den Bildausschnitt so festzulegen, dass später nicht Teile des Bilderbuchtextes am unteren Bildrand sichtbar sind.

Möglichkeiten, das Modell weiter auszubauen, wären beispielsweise, das Gutenachtlied mit Orff-Instrumentarium spielen zu lassen, das Schlussbild selbst zu zeichnen, Vorspann- und Nachspannplakate zu entwerfen ...

Spannung oder Liebe? – Die Wirkung von Filmmusik erfahren und in Stichpunkten notieren

Thema und Intentionen

„Der Film hat eine eigene filmsprachliche Struktur, die sich durch das Zusammenspiel von Bild, Sprache und Ton konstituiert.“ (Gast 1993, 11)

Der Vorspann und/oder der expositorische Einstieg eines Filmes soll den Betrachter auf das Kommende einstimmen, ihm einen ersten Eindruck und eine flüchtig-unpräzise Ahnung vermitteln; oft wird er dabei um der Spannung willen absichtsvoll in die Irre geführt. Solche Situationen entstehen auch während des Films, z. B. in Phasen des Übergangs von einer Handlungsebene zur anderen.

Die Kinder sollen die Einsicht gewinnen, dass je nach Kombination von Musik und Bild eine völlig andere Erwartungshaltung beim Betrachter geweckt werden kann. Ihre individuellen Eindrücke notieren sie kurz, damit für das spätere Gespräch Argumentationshilfen fixiert sind.

Voraussetzungen

TV-Video-Kombination, Vorspann oder Exposition eines geeigneten Filmes (möglichst ohne Inserts), verschiedene Filmscores (Musiktitel) auf Kassette (oder CD, falls CD-Brenner vorhanden; die Stücke sollten nicht abrupt enden, sondern während der Aufnahme bereits ausgeblendet werden)

Im Beispiel wurden verwendet:

- Eingangssequenz aus *Heat* (Regie: Michael Mann, 1995): Ein Zug fährt bei Nacht in eine Station ein.
  Die Musikstücke wurden so ausgewählt, dass eine Verknüpfung mit dem filmischen Geschehen nicht eindeutig leistbar ist, das gilt vor allem für die Stücke 3 und 4. Solche provokanten „Hürden“ machen aber das Tun und vor allem das Gespräch spannend.

- Ca. 60-Sekunden-Sequenzen aus den Filmscores:
  - *Notting Hill (score)*, composed and performed by Trevor Jones; *Notting Hill* – Music From The Motion Picture: Island Records 1999; ~ 2:00–3:00; eine romantische Ballade.
  - *Theme From Armageddon*, composed and performed by Trevor Rabin; *Armageddon* – The Album: Columbia 1998; ~ 2:00–3:00; heroisch-hymnischer Wall-Of-Sound-Song.
  - *The Battle Of Stirling*, composed and conducted by James Horner, performed by the London Symphony Orchestra; *Braveheart* – Original Motion Picture Soundtrack: Decca 1995; 0:00 bis ~ 1:10; sparsam instrumentiert, Dudelsack und vorwärts treibende Trommeln dominieren.
  - *Thunderbird*, performed by Hans Zimmer; *Thelma & Louise* – Original Motion Picture Soundtrack: MCA 1991; 0:00–100; countryesker Song mit gitarrendominierter, neutraler Grundstimmung.

Möglicher Verlauf

Die Kinder, in zwei oder mehr Gruppen eingeteilt, erhalten (nacheinander) alle nötigen Materialien: die TV-Video-Einheit, eine Videokassette, einen Kassettenrekorder, eine CD bzw. Kassette mit vier verschiedenen Soundtracks sowie ein Karte mit dem schlichten Auftrag: „Seht euch das Video, das etwas über eine Minute dauert, viermal an. Lasst dazu jeweils einen anderen Titel von der CD/der Kassette laufen. Jeder notiert in Stichpunkten seine Eindrücke und Gedanken und gibt an, um welche Art Film es sich wohl jeweils handeln könnte."

Zuerst einmal sind die Kinder gezwungen, sich mit der technischen Handhabung der Geräte vertraut zu machen (Nutzungskompetenz), um den Auftrag erfüllen zu können.

Viele (vor allem) Schüler haben damit kaum Probleme. Es empfiehlt sich deshalb in diesem Fall, reine Mädchen- bzw. Jungengruppen zu bilden, damit auch die Mädchen solch grundlegenden Kompetenzen erwerben können und in diesem Bereich nicht von den Jungen dominiert werden.

> Die Musikstücke 1 und 2 waren für die Kinder so eindeutig, dass die Mutmaßungen über das mögliche Filmgenre sehr homogen ausfielen. Einige beispielhafte Stichpunkte:
> Track 1 (Score aus *Notting Hill*): „was mit Liebe", „bestimmt verlieben sich da welche, und einer kommt mit dem Zug"; „Liebesfilm"
> Track 2 (Thema aus *Armageddon*): „spannend", „jetzt kommt ein Überfall", „ein Kampf, der aber gut ausgeht"; „Kampffilm", „Actionfilm"
> Bei Track 3, dem Stück aus *Braveheart*), hatten sie Schwierigkeiten, denn die Musik passt so gar nicht zum Bild. Neben „weiß nicht", fand sich auch zweimal die Antwort: „Die Musik gehört nicht zu diesem Film."

Bei Track 4 *(Thunderbird)* lagen die Antworten weit auseinander, es gab kaum übereinstimmende Mutmaßungen.

Im abschließenden Gespräch begründeten die Kinder ihre Wahl – dabei wurde recht heftig mit Worten gestritten –, und es war anregend zu hören, dass schon Grundschüler die in Filmen wiederkehrenden Muster in Bezug auf ihre Verweisfunktion recht gut einzuschätzen wussten. Deutlich wurde auch so etwas wie Unbehagen, denn einige zeigten sich fast empört darüber, dass man nur aufgrund der Musik meinte, einen spannenden Film oder einen Liebesfilm zu sehen zu bekommen. Als dann die Eingangssequenz letztendlich mit der Originalmusik gezeigt wurde, waren sich die Kinder wieder einig: Das Musikstück zwei passt am besten.

Mikrokosmos – Hörrätsel zum Film

Thema und Intentionen

Der Film *Mikrokosmos* – ob seiner Außergewöhnlichkeit weiter unten genauer vorgestellt – eignet sich in besonderer Weise dazu, die immer wieder vernachlässigte, (Ge-)Hörschulung mit dem audiovisuellen Medienbereich zu verbinden.

1996 erschien *Microcosmos: Le peuple de l'herbe,* ein Film von Claude Nuridsany und Marie Pérennou (Laufzeit ca. 70 Minuten). Der Dokumentarstreifen heimste viele Auszeichnungen ein, u. a. den *Technical Grand Prize* in Cannes 1996, 1997 *Césars* als bester Film, für den besten Schnitt, die beste Filmmusik, den besten Sound und den besten Produzenten. Fast ohne Worte, es gibt nur ein paar Sätze eines Erzählers, wird das Leben auf einer Wiese gezeigt. Dabei verbinden sich auf geniale Weise Bild und Ton/Musik zu einem atmosphärischen Ganzen.

Der renommierte Filmkritiker Leonard Maltin schrieb 1996 (im World Wide Web abrufbar unter http://us.imdb.com/Maltin?0117040):

> „Strikingly visual nature documentary using high-powered lenses to record a magical universe that hardly can be seen by the human eye: the world of insects, in which beetles, snails, caterpillars, ladybugs, and dragonflies exist amid grass and vines, dewdrops and poppies. An immensely entertaining, endlessly fascinating visual treat; stunningly photographed and edited."

Voraussetzungen

Kaufkassette des Films; drei bis vier ausgewählte Szenen, zusammengeschnitten auf Videoband oder indiziert, die Musik dazu entweder auf Kassette oder CD-R; man könnte auch das geschnittene Videoband abspielen und, um nur einen Höreindruck zuzulassen, das Bild auf dem Fernsehschirm abdecken.

Möglicher Verlauf

Die Kinder sehen den Anfang des Filmes, ca. 3 Minuten, damit sie sich in die Situation hineinversetzen können und wissen, worum es geht.

Danach hören sie zuerst nur die Audioaufnahme, eventuell wiederholt, beschreiben, was sie hören und mutmaßen, was sich dazu wohl auf der Wiese abspielt. Das ist manchmal recht eindeutig hörbar, z. B., wenn ein Gewitter aufzieht, Grillen musizieren oder ein Falter zum Flug ansetzt. Manchmal aber ist mehrmaliges genaues Zuhören und eine Portion Vorstellungskraft nötig, etwa um herauszuhören und -zufinden, dass Ameisen in ihrem und um ihren Bau herum wuseln oder zwei Hirschkäfer einen Kampf ausfechten.

Nach jedem Hören und Rätseln über den akustischen Eindruck werden direkt anschließend die dazugehörigen optischen Eindrücke gezeigt, das Rätsel aufgelöst. Danach sollte nicht sofort die nächste Raterunde beginnen, sondern noch Zeit sein, damit sich die Kinder zu den Eindrücken äußern können.

> Als sie die Szene mit den Hirschkäfern gehört und gesehen hatte, meinte ein Mädchen: „Das ist schon komisch, die Musik klang wie bei einem Krimi."

Nur 30 Sekunden! – Geschichten erfinden zu Filmausschnitten

Thema und Intentionen

Auch bei diesem Modell ist zentral, motivierende Situationen bzw. Schreibanlässe zu schaffen, die das Schreiben bei Kindern geradezu herausfordern. Kurze Sequenzen aus Filmen können diese Bedingungen erfüllen. Neben der Notwendigkeit, (elementare) Schreibfähigkeiten anzuwenden, geht es hierbei jedoch zusätzlich u. a. darum, sehr kurze filmische Sequenzen zu decodieren, den Inhalt und die Figurenkonstellation zu verstehen und dann sinnvoll einen möglichen weiteren Verlauf antizipierend schriftlich fortzuführen. Um Schwierigkeiten oder gar Schreibblockaden zu vermeiden, ist es günstig, wenn die Sequenzen so ausgewählt werden, dass sie entweder den Beginn einer Handlung oder ein Personeninventar vorstellen, also eindeutig einer Fortführung bedürfen.

Das Fortschreiben der Sequenzen fällt Kindern oft deshalb nicht schwer, weil sie auf ihnen implizit bekannte Muster und Verlaufsschemata sowie Wissen um Stereotypen zurückgreifen. Das gilt auch, wenn man als Schreibimpuls Sequenzen aus ihnen unbekannten Filmen zeigt.

Das Schreiben zu Filmausschnitten verliert auch nach mehrmaligen Durchgängen kaum etwas von seiner faszinierenden Wirkung. Es regt gerade auch die Kinder, die als eher schreibfern zu bezeichnen sind, zum Geschichtenschreiben an, ist doch der Ausgangspunkt etwas aus dem täglichen Erfahrungsbereich und trotzdem etwas völlig anderes als das, was normalerweise im „Aufsatzunterricht" verlangt wird.

Ausdrücklich wird darauf hingewiesen, dass die gewählten Sequenzen auch aus dem Sachbereich stammen können, die von den Kindern ein logisches Durch- und Weiterdenken des Sachverhaltes hin auf potenzielle Lösungen oder mögliche Schlussfolgerungen fordern.

Voraussetzungen

TV-Video-Kombination, vorbereitete Szenen aus Zeichentrickfilmen, Serien für Kinder, Soap-Operas, auch Sachfilmen, z. B. aus der Sendung mit der Maus usw.

Möglicher Verlauf

Der Verlauf ist ganz einfach und bedarf, vor allem wenn man periodisch auf diese Methode zurückgreift, kaum der Worte. Der Filmausschnitt wird gezeigt, an einer entscheidenden Stelle abgebrochen und von da aus von den Kindern weiterentwickelt.

Die Texte werden dann in einen an der Wand befestigten Rahmen, der wie ein Fernsehbildschirm aussieht, gemeinsam mit dem Schlussbild der gezeigten Sequenz veröffentlicht und bleiben dort, bis das nächste Mal nach dieser Methode Geschichten geschrieben werden.

Nicht nur Buchstaben – Am PC Bilder in Texte integrieren

Thema und Intentionen

Nicht nur in der Berufswelt, auch im privaten Bereich hat sich das Schreiben von Briefen, Einladungen, kurz: Texten aller Art weg von Papier und Stift hin zum Computer und seinen komfortablen, multifunktionalen Textverarbeitungsprogrammen verlagert. Es ist wohl abzusehen, dass das Schreiben am PC zukünftig in noch größerem Umfang auch an den Schulen stattfinden wird, denn die Vorteile liegen auf der Hand: Entlastung von Kindern mit schreibmotorischen Schwierigkeiten, Möglichkeiten kooperativen, arbeitsteiligen Schreibens; Überarbeitung von Texten als permanenter Prozess (einfache Korrektur von Rechtschreibfehlern, Verschieben ganzer Textteile ohne sie neu schreiben zu müssen, Abspeicherungsmöglichkeit jeder Textfassung ...) usw. Dass sich damit auch das Aussehen der Texte (im

Wortsinn) ändert, ist ebenso zwingend, weil auf relativ einfache Art und Weise Gestaltungs- und Bildelemente in den Text integriert werden können, die Linearität der Zeichen in schriftlichen Texten damit zum Teil aufgebrochen wird. Kindern Kompetenzen im Umgang mit solchen Office-Paketen zu ermöglichen, ist ein großer Aufgabenbereich für die Schule der (nahen) Zukunft.

Voraussetzungen

Computer mit Textverarbeitungsprogramm; grundlegende Kenntnisse im Umgang mit dem Computer; vorbereitete Textdateien

Möglicher Verlauf

Sind keine festen Tisch- oder Arbeitsgruppen vorhanden, teilt sich die Klasse vorher in Gruppen zu je drei Kindern auf. Entsprechend der Anzahl der gebildeten Gruppen legt der Lehrer auf dem Desktop des Computers Verknüpfungen zu vorbereiteten Dateien ab. Durch Doppelklick öffnen die Schüler die Datei (Ausschnitt):

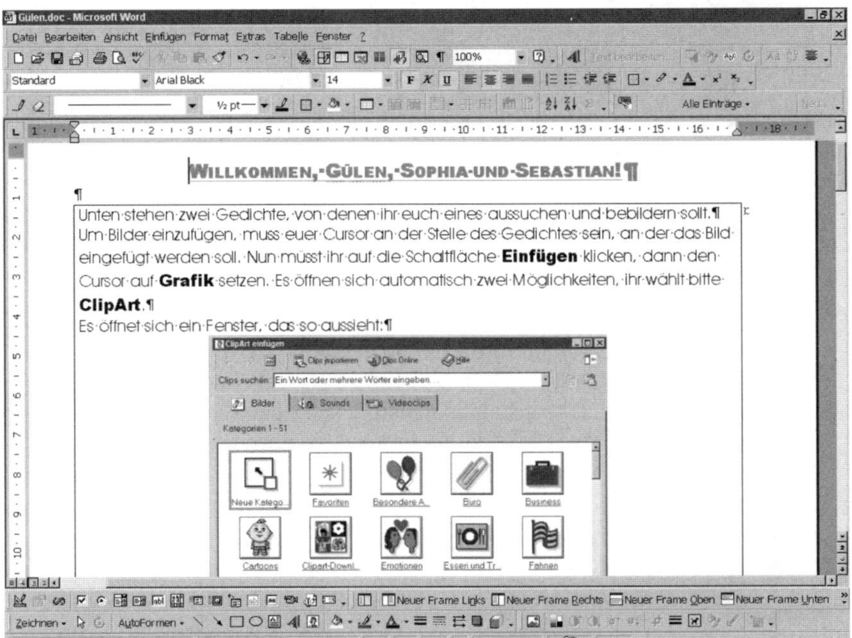

Hier finden die Kinder eine genaue Handlungsanweisung, wie man Bilder einfügt. Somit ist eine weitgehend selbstständige Arbeit möglich.

Unten stehen zwei Gedichte, von denen ihr euch eines aussuchen und bebildern sollt.
Um Bilder einzufügen, muss euer Cursor an der Stelle des Gedichtes sein, an der das Bild eingefügt werden soll. Nun müsst ihr auf die Schaltfläche **Einfügen** klicken, dann den Cursor auf **Grafik** setzen. Es öffnen sich automatisch zwei Möglichkeiten, ihr wählt bitte **ClipArt.**
Es öffnet sich ein Fenster, das so aussieht:

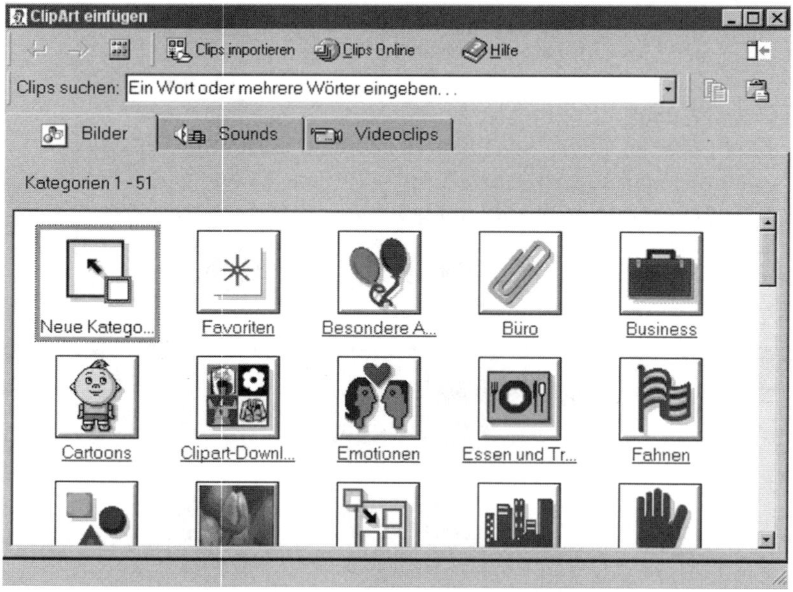

Unter **Clips suchen** gebt ihr nun das Wort ein, zu dem ihr ein Bild einfügen wollt. Das Programm zeigt euch nun verschiedene Möglichkeiten, von denen ihre eine auswählen und mit **Enter** einfügen könnt.
Wahrscheinlich ist das eingefügte Bild viel zu groß! Um es zu verkleinern, klickt ihr auf das Bild. Es erscheinen in den Ecken schwarze Vierecke. Wenn ihr nun den Cursor darauf setzt, könnt ihr das Bild durch Ziehen verkleinern (oder vergrößern).

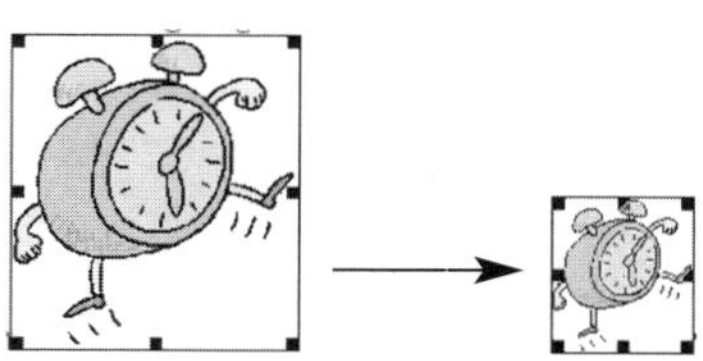

Viel Spaß beim Bebildern des Textes! Und bitte denkt daran, euch abzuwechseln!

DAS FRECHE SCHWEIN – Monika Seck-Agthe

Der Maulwurf Tom ist jede Nacht
verärgert und sehr aufgebracht.
Ein dickes, freches, altes Schwein
quetscht sich in seine Hütte rein.

Da drin ist's mollig, weich und warm.
Tom friert und schlägt deshalb Alarm:
„Dies Haus ist meins! Ich hab's bezahlt!
Und auch noch selber angemalt!"

So jammert Tom, es nützt nicht viel:
Das Schwein ist dreist und auch stabil.
Tom klettert auf sein spitzes Dach
und hält sich mit der Zeitung wach.

„Lies vor!" So herrscht das Schwein ihn an.
„Was ist passiert? Nun sag's schon, Mann!"
Der Maulwurf schluckt, ihm ist nicht gut.
Ganz tief im Bauch, da wühlt die Wut.

Das Leben könnte schöner sein,
jedoch nur ohne dieses Schwein.

in: Gelberg, Hans-Joachim: Überall und neben dir. Weinheim und Basel: Beltz & Gelberg 1986, S. 47

Der Luftballon – Günter Ullmann

Der Wind hat mich emporgehoben,
du Menschenkind, aus deiner Hand
über Bäume, Berge, Häuser
flieg ich durch das blaue Land.

Ganz nah hör ich die Vögel singen,
und muss ich auch durch Ruß und Rauch,
gleich kommt ein Wolkenschaf gesprungen
und leckt mir blank den schwarzen Bauch.

Ich seh dich an der Erde kleben
und fliege fort mit deiner Luft.
Ich dank dir für mein leichtes Leben,
bis der Wind mich leis verpufft.

in: Gelberg, Hans-Joachim: Überall und neben dir. Weinheim und Basel: Beltz & Gelberg 1986, S. 23

Vertauschen und austauschen – Text-, Satz- und Wortexperimente mit Hilfe von drag & drop und Thesaurus

Thema und Intentionen

Neue Textverarbeitungsprogramme verfügen über die Funktion *drag & drop* (➜ 6) sowie einen so genannten Thesaurus (➜ 7), ein jederzeit abrufbares, alphabetisch und systematisch geordnetes Wörterbuch. Wird der Thesaurus aktiviert, bietet er zu einem markierten Wort verschiedene Bedeutungen und zu diesen wiederum Synonyme und Antonyme. Das im Kontext passende Wort wird markiert und ersetzt das Ausgangswort im Text. Diese Funktion kann bei einem am PC geschriebenen Text sinnvoll eingesetzt werden, um beispielsweise Wortwiederholungen zu vermeiden oder in einer Überarbeitungsphase treffendere Ausdrücke zu finden – Inhalte aus dem Lernbereich „Texte verfassen“. Gleichzeitig wird Wortschatzarbeit (Erweiterung des aktiven und passiven Wortschatzes, Wortfelder) betrieben. Der Vorwurf, dass Kinder nun gar nicht mehr nachdenken müssten, ist schlicht polemisch, denn die Arbeit mit dem Thesaurus ist zwar zweckmäßigerweise entlastend, entbindet den Schreibenden aber nicht davon, die angebotenen Möglichkeiten im Kontext zu überprüfen und eine überzeugende Entscheidung zu treffen, schult also durchaus sein Sprachgefühl. Das Arbeiten mit dem Thesaurus kann darüber hinaus integriert werden in sprachreflexive und schreibdidaktische Bereiche, etwa Wortarten, bewusstes Nutzen sprachlicher Mittel, Zusammensetzungen usw.

Zumindest angedeutet werden soll, dass die Arbeit mit dem Thesaurus daneben auch noch andere Aspekte haben kann, z. B. einen sprachspielerischen, wenn versucht wird, beliebige Wörter in einem Text zu ersetzen, oder einen textproduktiven, etwa wenn mit Hilfe des Thesaurus ein Gedicht restauriert werden soll.

Gleichzeitig soll in der Einheit die *drag & drop*-Funktion, die das Verschieben von Wörtern, Sätzen oder Absätzen erlaubt, geübt werden. Absichtlich gibt es hierfür keine genaue Anweisung, nicht nur, um das soziale Lernen und Miteinander zu fördern, sondern auch, um ein Gefühl dafür zu vermitteln, dass gerade im Computerbereich mit seinen unzähligen Funktionen und Problemfeldern gemeinsames Arbeiten und gegenseitiges Helfen geboten sind. Nebenbei lässt man den Kindern so die Möglichkeit, ihr Vorwissen konkret und hilfreich einzubringen.

Voraussetzungen

Textverarbeitung mit *drag & drop* und *Thesaurus*, z. B. WORD oder WordPerfect; Texte

Möglicher Verlauf

Es werden mindestens so viele verschiedene Blätter vorbereitet, wie es Partnergruppen in der Klasse gibt. Die Blätter werden in ein Kuvert gesteckt. Die Partnergruppe, die an der Reihe ist, zieht sich blind ein Blatt und macht sich an die Bearbeitung. Gut wäre es, wenn sich auf den Blättern insgesamt etwa drei verschiedene Texte fänden, damit, wenn die „neuen" Texte ausgedruckt und veröffentlicht werden, verschiedene Versionen eines Textes, aber auch grundsätzlich verschiedene Texte gelesen und verglichen werden können. Das abgedruckte Beispiel konzentriert sich auf die (auch adverbial gebrauchten) Adjektive; eher blasse Eigenschaftswörter sollen durch treffendere, kräftigere ersetzt werden.

Drag & drop

Treffendere Wörter mit Hilfe des Thesaurus

Das Wetter ist **schön.**
Große Tropfen vom Himmel fallen.
Trotzdem ist er **nass.**
Er ist kaum Minuten fünf draußen, da ziehen **schwarze** Wolken auf.
Schnell er seinen Roller räumt in die Garage.
Hansi will seinen **neuen** Roller ausprobieren.

1. Tippt den Text so, wie er ist, in den Computer ein.
2. Mit drag & drop (übersetzt heißt das etwa „ziehen & loslassen") könnt ihr jetzt Wörter, Sätze oder Teile der Geschichte noch so ordnen, wie sie eurer Meinung nach richtig sind. Wenn ihr nicht genau wisst, was drag & drop ist, oder wie es funktioniert, wendet euch an jemanden, der euch helfen kann!
3. Die im ursprünglichen Text fett gedruckten Wörter sollt ihr nun mit Hilfe des **Thesaurus**, dem Wörterbuch der Textverarbeitung, durch treffendere ersetzen.
   Zuerst müsst ihr dieses Wort in eurem Text markieren; hier reicht es, wenn ihr den Cursor mitten in das Wort setzt. Nun klickt ihr zuerst auf die Schaltfläche **Extras,** dann auf **Sprache** und auf **Thesaurus**. Lest zuerst die Wörter links im Kästchen **Bedeutungen** und wählt eine passende aus. Entscheidet euch nun, welches der jetzt rechts angebotenen Wörter eurer Meinung nach am besten passt. Klickt ihr auf **Ersetzen**, wird das alte Wort automatisch durch das neue ersetzt.
4. Denkt daran, eure Datei abzuspeichern!
5. Druckt euren fertigen Text aus (Namen nicht vergessen!) und pinnt ihn an die Geschichten-Wand!

→ 6 drag & drop-Funktion

Drag & drop erlaubt es, innerhalb eines Textes oder zwischen zwei Dokumenten Textteile zu verschieben oder zu kopieren, darüber hinaus auch beispielsweise einen Shortcut zu erstellen oder eine Verknüpfung auf dem Desktop abzulegen. Die Textteile müssen dazu nur markiert (Ziehen mit der linken Maustaste) und mit der gedrückten rechten Maustaste an den neuen Ablageort gezogen werden.

→ 7 Thesaurus

Die Arbeitsweise eines Thesaurus lässt sich am besten an einem Beispiel von oben darstellen. Ersetzt werden soll das Wort „nass".
Der Thesaurus von Word 2000 bietet dazu an:

Damit passende Wörter angezeigt werden, muss also zuerst die Bedeutung der anzuzeigenden Synonyme geändert werden. Dazu zieht man den Cursor einfach auf „feucht", und es wird angezeigt:

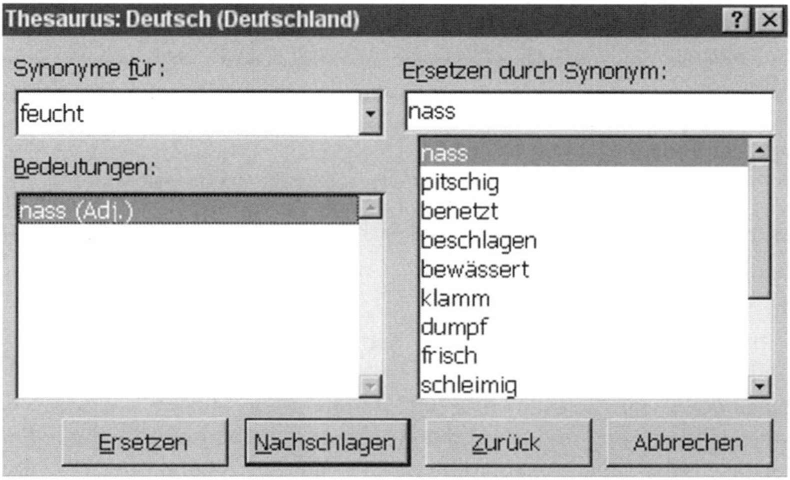

Scrollt (zieht) man den Balken rechts weiter nach unten, gibt es Wörter wie „pudelnass“, „patschnass“, „triefend“ usw. zur Auswahl.

Bei Klicken: Bild! – Geheimnisvolle Texte am PC

Thema und Intentionen

Die vorstehenden Beispiele „Nicht nur Buchstaben“ und „Vertauschen und austauschen“, die auch technische Aspekte rund um das Schreiben mit dem Bildschirm thematisieren, werden zunehmend zu ergänzen und zu erweitern sein, denn das Schreiben und Entwickeln von so genannten Hypertexten (➜ 8), wie sie sich beispielsweise auf multimedialen Literatur-CD-ROMs finden, ist vor allem im und für den Bereich des Internet konstitutiv. Hierin liegt das Hauptgewicht der Einheit, die Kinder sollen die Möglichkeiten der Vernetzung von Texten und Textteilen per Hyperlink (➜ 8) erfahren und verstehen. Dabei wird das bereits vorhandene Wissen der Kinder, dass am Computer Texte und Bilder recht einfach kombiniert werden können, erweitert.

Die Anregung zeigt eine ganz elementare Möglichkeit der Verknüpfung, mit der man beginnen sollte. Selbstverständlich kann die Komplexität der Verknüpfungen dann immer weiter ausgebaut werden.

Voraussetzungen

Textverarbeitungssoftware, Scanner, geeigneter Text, Folie mit Text, Textblätter

Möglicher Verlauf

Vorbereitend scannt man, ohne den Vers am unteren Seitenrand, die 26 Bilder (zu jedem Buchstaben des Alphabets gibt es einen Vers und ein aus vier Panels bestehendes Bild) aus *Der ABC-Zoo* von Detlef Kersten (Ravensburg: Otto Maier 1984) ein und speichert sie auf dem Schulcomputer in einem eigenen Ordner ab.

Am Morgen erhält jedes Kind die Verse, die unter Berücksichtigung lesetechnisch-gestaltender Ziele des Leseunterrichts durchaus mehrmals gemeinsam gelesen werden. Für das weitere methodische Vorgehen ist – nicht nur in dieser Anregung – das Konzept und sind die Prinzipien des situierten Lernens bedeutsam, dem es auch um die Vermeidung so genannten „trägen" Wissens geht. „Zentrales Prinzip eines solchen Unterrichts ist die Einbettung des Lernens in eine authentische problemorientierte Lernsituation. Bedeutung und Nutzen des Wissens in lebensnahen Anwendungssituationen bestimmen die Gestaltung der Lernsituation." (LANKES 2000, 10) Die Lehrkraft zeigt, wie vorzugehen ist, führt „die Kinder in die Denk- und Vorgehensweise eines Experten ein. Nach dem Vorbild der Lehrkraft versuchen es dann die Lernenden selbst." (LANKES 2000, 11) Wichtig in der Phase des Zeigens ist die Modellierung, das laute Denken „bei der Bearbeitung der Aufgabe. So erfahren die Lernenden, wie an einem authentischen Problem domänenspezifisches konzeptuelles Wissen, Faktenwissen und Prozeduren, aber auch bereichsspezifische Strategien (etwa Tricks und Kniffe) zur Anwendung kommen. Gleichzeitig lässt sie die Kinder teilhaben an ihren Abwägungen, Unsicherheiten und Alternativüberlegungen. Neben Problemlösestrategien werden so auch Kontroll- und Lernstrategien sichtbar." (LANKES 2000, 11)

In diesem Sinne führt die Lehrkraft also den Partnergruppen jeweils den Modus der Verlinkung beispielhaft an Vers 1 vor und lässt die Schüler dann alle Arbeitschritte zur Erstellung eines Hyperlinks selbstständig nachvollziehen. Neben dem technischen Procedere entscheiden die Kinder auch, bei welchem Wort der Hyperlink eingefügt werden soll.

In fast allen Fällen haben sich die Kinder in der Erprobung für das Wort entschieden, das das den Buchstaben repräsentierende Tier nennt.

Der Affe wohnt in Borneo,
in Afrika und auch im Zoo.

Klickt man nun auf das Wort „Affe", öffnet sich der Photo Editor und zeigt das mit dem Wort verknüpfte Bild an:

➜ 8 Hyperlink und Hypertext

Von Hyperlinks aus kann intra- oder intertextuell ein Sprung an eine beliebige andere Stelle erfolgen, das kann ein Kapitel im Text ebenso sein wie eine Datei auf der Festplatte oder eine Internetadresse, ein anderes Dokument oder eine E-Mail-Adresse. Hyperlinks werden in der Regel augenfällig blau und unterstrichen dargestellt, wurden sie genutzt, ändern sie die Farbe. Durch Klicken auf den Link erfolgt der Sprung zur damit verbundenen Stelle. Texte, die Hyperlinks verwenden, nennt man Hypertext. Verknüpft man Texte mit Bildern, Ton, Animationen usw., spricht man von Hypermedia.
In WORD ist das zu verlinkende Wort, der Satz ... zu markieren, unter Einfügen die Option Hyperlink zu wählen und über eine Suchfunktion oder Direkteingabe das Zieldokument o. Ä. einzugeben. Nun kann von diesem Wort oder Satz aus jederzeit zur damit verbundenen Stelle gesprungen werden. Es ist jedoch darauf zu achten, dass das Zielobjekt nicht verschoben oder gelöscht wird, denn dann ist ein Sprung nicht mehr möglich.
Ist das Zielobjekt ein Bild, ist darauf zu achten, dass auf dem Computer ein Grafikprogramm installiert ist, mit dem das (eingescannte) Bild dargestellt werden kann.

Buchladen im Netz – Im Internet eine Kurzrezension verfassen

Thema und Intentionen

Im Rahmen des Literaturunterrichts das Lieblingsbuch vorstellen zu lassen, ist nicht nur eine probate methodische Möglichkeit, die Lesefreude der Kinder anzustoßen – Stichwort: Leseförderung –, sondern gleichzeitig auch ein sinnvoller Sprech- bzw. Schreibanlass. Dabei geht es darum, die eigene Meinung in wenigen Sätzen zu formulieren, andere gezielt zu informieren. Hier bietet sich eine Chance, in den Phasen selbstständigen Arbeitens mit (nicht mehr als vier bis fünf) Kindern erste Schritte ins Internet zu unternehmen. Zu Recht wird darauf verwiesen, dass nolens volens Kompetenzen entwickelt werden müssen, um sich „mit den neuen kommunikativen Möglichkeiten auseinander setzen zu können. In vielen Fällen werden darüber hinaus die Beschaffung, Verarbeitung und Darstellung von Wissen durch das Internet so wirkungsvoll unterstützt, dass ein Verzicht nicht mehr möglich ist.“ (Baurmann/Weingarten 1999, 20). Elementare Schreibfähigkeiten sind sowohl für die traditionelle Textproduktion wie für die neuen Möglichkeiten unerlässliche Voraussetzungen.

Manche „Bookshops“ erlauben, neben Recherche und Bestellung, eine Online-Rezension (mit aus Sicht des Anbieters hoffentlich verkaufsfördernder Wirkung) zu Büchern aus dem Angebot zu verfassen, der „ganzen Welt“ mitzuteilen, warum dieses Buch so gut gefällt. Gleichzeitig kann man erfahren, ob es noch andere gibt, denen das Buch gefällt oder auch nicht. Das macht die Sache für Kinder so motivierend und spannend, denn sie erhalten in gewisser Weise sofort eine Art Rückmeldung auf das, was sie geschrieben haben, und ihr Text wird im gleichen Moment, in dem er abgeschickt wird, veröffentlicht. Möglich ist dies dem Nutzer z. B. unter www.Amazon.de, www.bol.de oder www.buch.de (hier kann man gleich noch einen „Buchgruß“ verschicken). Das Schreiben einer Online-Rezension kann betreut beispielsweise während oder nach der gemeinsamen Lektüre einer Ganzschrift stattfinden, sollte nach einer gemeinsamen Einführung dann aber jedem Kind auch zum spontanen Schreiben frei zur Verfügung stehen.

Auch hier ist die oben genannte „Modellierung“ entscheidend.

Voraussetzungen

Computer mit Internet-Anschluss, etwas Erfahrung mit dem Internet

Möglicher Verlauf

Verfügen die Kinder noch über keinerlei Erfahrung mit dem Internet, ist es unabdingbar, dass ein erster Durchgang betreut wird.

Die Kinder einer dritten Klasse teilten sich in Gruppen zu je fünf ein und legten eine Reihenfolge fest. Mit jeder Gruppe wiederholte sich das gleiche kleinschrittige Procedere, zuerst – gemäß dem oben Dargestellten – wird gezeigt, dann von jedem Kind ausprobiert:

- Aufrufen der Provider-Software, Herstellen der Verbindung, Eintippen der Adresse in die Adresszeile (trotzdem die Adressen recht einfach sind, machten fast alle Kinder die Erfahrung, wie wichtig es ist, dass hier genau gearbeitet wird – andernfalls gibt es keine Verbindung; zwei Kinder mit Vorerfahrung machten darauf aufmerksam, wie umständlich das Verfahren sei, und dass es doch eine arbeitserleichternde Favoriten-Funktion gebe).
- Nun wurde die Einstiegsseite genauer betrachtet und überlegt, wie man wohl auf die Seite komme, auf der geschrieben werden kann.

Gibt man beispielweise rechts oben einen Autorennamen ein, werden alle im Angebot befindlichen Bücher des Autors aufgelistet, in unserem Fall war das James Krüss.

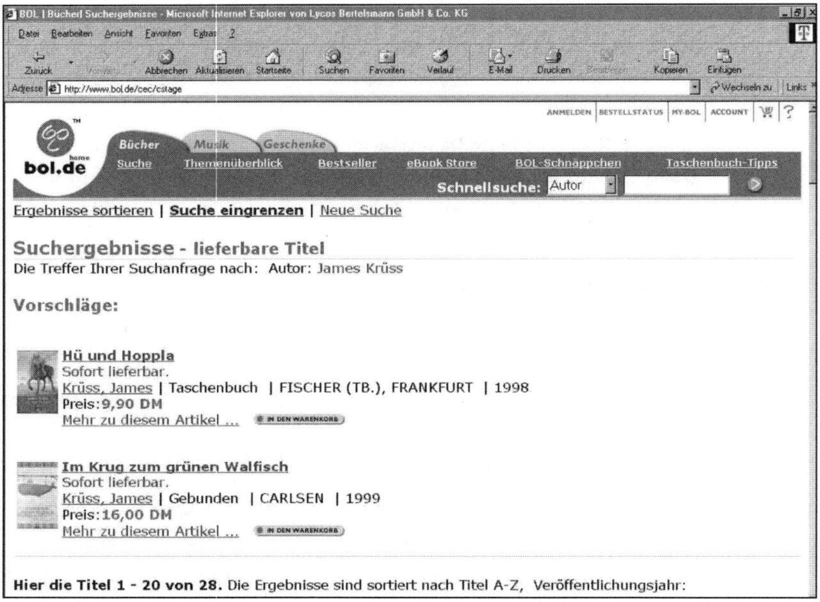

Die Kinder stellten fest, dass manche Wörter und Namen unterstrichen sind. Auf den Hinweis, einmal mit der Maus auf etwas Unterstrichenes hinzufahren,

bemerkten sie, dass sich der Mauszeiger verändert. Durch Doppelklick fanden sie heraus, dass so Hyperlinks markiert werden, also Verbindungen zu weiteren Seiten. Natürlich wurden alle Hyperlinks ausprobiert und so gelangten wir auf diese Seite, die uns den Link zur Beurteilungsseite eröffnete.
Bei BOL sieht die Beurteilungsseite so aus (Stand Juni 2000):

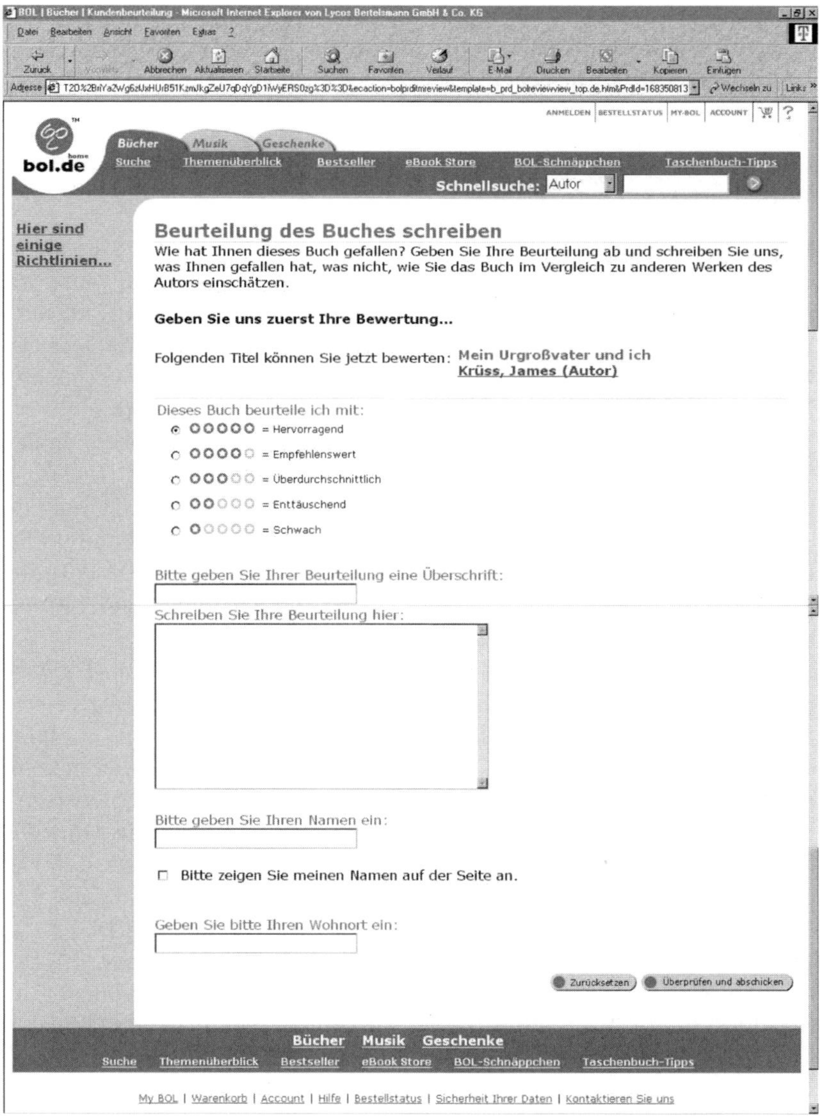

Erstaunt bemerkten die Kinder zudem, was aus unserer anfangs so einfachen Adresse wurde: ein kaum entschlüsselbares Konglomerat aus Ziffern und Buchstaben.
Nun war der Weg frei, jedes Kind schrieb zu einem Buch seiner Wahl eine Rezension und stellte sie ins Netz, natürlich nicht, ohne vorher mit Hilfe des Wörterbuchs Rechtschreibfehler getilgt zu haben. Die rechtschriftliche Kontrolle, sonst eher ungeliebt und ständig von der Lehrkraft einzufordern, geschieht hier wie ganz von selbst, denn es heißt auf der Site ausdrücklich: „Überprüfen und abschicken“. Also: „Ich blamier' mich doch nicht vor allen!“

Das klingt wundervoll! – Via DVD Sätze in verschiedenen Sprachen lesen, hören und vergleichen

Thema und Intentionen

Fremdsprachen sind in der Grundschule schon länger ein Thema, angestoßen und forciert durch das immer schnellere Zusammenwachsen der Welt vor allem auf politischen und wirtschaftlichen Ebenen. Im Bereich des Untersuchens von Sprache fordern die Lehrpläne u. a. den Vergleich der Muttersprache mit fremden Sprachen. Weitab von einem Sprachbetrachtungsunterricht, der sich oft auf das Analysieren und Unterstreichen von Wortarten sowie Satzgliedern beschränkt, erschließt sich ein auch für Kinder interessantes Feld, das das Nachdenken über Sprache zu einem quasi spielerischen Abenteuer werden lässt und den Horizont für andere Sprachen öffnet. Konkret zu nennen sind u. a. das Vergleichen von gesprochener und geschriebener Sprache, das Entdecken der Vielfalt von Sprachen, ein experimentelles Annähern an fremde Sprachen.

Das (inzwischen gar nicht mehr so) neue Speichermedium DVD (➜ 9) bietet auf Grund seiner immensen Speicherkapazität neue Möglichkeiten, ist doch auf jeder Silberscheibe die Sprachausgabe des Filmes im Rahmen des Angebotes frei wählbar, zusätzlich können Untertitel in einer beliebigen anderen Sprache aufgerufen werden. (Ganz nebenbei: Manche Verlage bieten bereits – allerdings nur für den Computer – sogenannte *Multilingua Movie-Talk CDs* an, die genau damit aufwarten – jedoch müssen dafür noch einmal ca. 50 DM aufgewendet werden – Geld, das sich sparen lässt.)

Im Film *Susi und Strolch* gibt es etwa nach 49 Minuten (bei 49′12″; DVD-Index Szene 14) eine Szene, aus der sich ein einfacher, elementarer Satz isolieren lässt, der sich zum Vergleich mit anderen Sprachen anbietet: Nach dem berühmten „Bella notte“-Abendessen beim Italiener führt Strolch Susi auf einen Hügel und zeigt ihr, was für ein Leben sie führen könnte ohne Halsband. Susi wird in Großaufnahme gezeigt und sagt: „Das klingt ja sehr schön, aber ...“:

Als Untertitel sind wählbar:

- Deutsch: „Das klingt wundervoll."
- Englisch: „It sounds wonderful."
- Spanisch: „Suena maravilloso."
- Portugiesisch: „Soa lindamente."

Susi:
„Das klingt ja sehr schön, aber …"

Voraussetzungen

TV-DVD-Einheit, geeignete DVD, Arbeitsblätter

Im Beispiel wurde verwendet:
Susi und Strolch (Walt-Disney-Original: *The Lady and the Tramp*, 1955; Regie: Hamilton Luske, Clyde Geronimi, Wilfred Jackson)

Möglicher Verlauf

Die Arbeitsblätter liegen umgedreht auf den Bänken, die DVD wird so vorbereitet, dass die Szene bereits herausgesucht, mit der Pausen- bzw. Still-Taste angehalten ist und sofort startet, wenn die Play-Taste gedrückt wird. Die zum Bild gehörige, nur sekundenlange Szene wird einmal kommentarlos gezeigt. Vor dem zweiten Durchgang bekommen die Kinder den Arbeitsauftrag: „Schreibe auf dein Arbeitsblatt, was Susi zu Strolch sagt."

Am Bildschirm verfolgen die Kinder mit, welche Sprachoptionen im Menü angeboten werden und wie sie angewählt werden. Auf Zuruf der Kinder wählt man eine oder mehrere andere Sprachen aus, vielleicht zuerst eine, die in der Klasse auch vertreten ist. Danach stellt man wieder auf Ausgangssprache Deutsch und fügt Untertitel ein, zuerst Deutsch. Der Arbeitsauftrag lautet (wie auch für die folgenden Teilschritte): „Schreibe den Untertitel auf dein Arbeitsblatt." (Mit der Pausentaste gibt man den Kindern genügend Zeit zum Abschreiben.) Erste Erkenntnis: Die Untertitel entsprechen nicht genau dem gesprochenen Wort. (Susanne: „Das muss ja auch kürzer sein, weil man das gar nicht so schnell lesen kann, wenn die alles hinschreiben, was die sagen!")

Nun werden nacheinander die Untertitel ausgewählter Sprachen aufgerufen. Um das folgende Vergleichen der Satzbaupläne zu erleichtern und die Verwandtschaft von Deutsch und Englisch sowie Spanisch und Portugiesisch augenfälliger zu machen, ist eine besondere Anordnung auf dem Arbeitsblatt angezeigt (siehe unten).

Es schließt sich eine Diskussion in den Gruppen an, die dann im Plenum zusammengefasst, ergänzt und erweitert wird. Die Aufgabe der Lehrkraft ist es, Argumente, Beobachtungen und Mutmaßungen zu systematisieren, zu ergänzen und zusammenzufassen. Keinesfalls sollte sie das Gespräch zu sehr steuernd leiten.

Die Kinder einer dritten Klasse nannten als erstes mögliches Kriterium die Anzahl der Wörter. Mutmaßungen, dass der deutsche und der englische Satz gleich aufgebaut seien, machten sie zum einen an der lautlichen Nähe von „wonderful" und „wunderbar" fest, zum anderen daran, dass manchen Kindern von der Pop-Musik her das Wort „sound" bekannt war. Der Schluss, dass „it" dann wohl dem deutschen Artikel entsprechen müsse, war einfach nachzuvollziehen. Dass Spanisch und Portugiesisch irgendwie zusammengehören, war Lukas klar: „Die Länder liegen nebeneinander." Detailbeobachtungen bezogen sich auf die Übereinstimmung der jeweils ersten Wörter im Anfangskonsonant und im Schlussvokal.

→ 9 DVD

Die DVD (Digital Versatile Disk) hat ihren Siegeszug angetreten und soll binnen kurzem die analoge VHS-Videocassette völlig verdrängt haben – genau so, nur noch schneller, wie es der LP mit der CD erging – und auch die nur mit mäßigem Speicherplatz ausgestatteten CD, CD-R und CD-RW ersetzen. Die DVD weist nicht nur dem Magnetband, sondern auch der CD gegenüber enorme Vorteile auf: da sie zweifach beschichtet ist, die Abtastung also auf zwei Ebenen erfolgt, haben auf ihr (momentan) etwa 26mal so viele Daten Platz. So können z. B. digital bis zu acht Stunden Filmaufzeichnungen in Kinoqualität abgespeichert werden, die man zudem in verschiedenen Sprachen und Untertiteln abrufen kann. Weitere Pluspunkte (auch für den Unterricht!) sind perfekte Standbilder und der direkte Zugriff auf Szenen ohne lästiges Spulen.
Die DVD-Player können Audio- und Video-CD-Formate abspielen (die man am PC mit entsprechender Software selber herstellen kann), manche darüber hinaus auch MP3-Dateien. Sobald sich die DVD-Anbieter auf einen einheitlichen Standard geeinigt haben (momentan erinnert die Situation an die Einführung des Mediums Video, als auch drei Standards – VHS, Betamax und Video 2000 – um die Vorherrschaft stritten), ist es nur eine Frage der Zeit, bis auch erschwingliche DVD-Rekorder angeboten werden.
Aktuell (Stand: Juli 2000) sind etwa 1 000 Titel auf DVD erhältlich, in bundesdeutschen Haushalten stehen inzwischen schätzungsweise 300 000 DVD-Player – Tendenz stark steigend.

Sprachen vergleichen

Susi und Strolch
Walt Disney, 1955

1. Susi sagt zu Strolch:

   ____

2. Der deutsche Untertitel lautet:

   ____

3. Untertitel in verschiedenen Sprachen:

Deutsch:
Englisch:

Spanisch:
Portugiesisch:

4. Vergleicht die vier Untertitel. Besprecht euch in eurer Gruppe und schreibt einige Punkte auf.

   ____

   ____

   ____

   ____

   ____

   ____

   ____

   ____

Modelle für Schulvormittage

Rechtschreiben leicht gemacht? – Software testen und bewerten

Thema und Intentionen

Immer schon florierte der Markt mit Lernhilfen; seitdem der Computer Einzug in die Kinder- und Jugendzimmer gehalten hat, scheint es kein Halten mehr zu geben. Der Markt an Lernhilfen für alle Schularten, jedes Fach und jedes Teilgebiet ist kaum noch zu überblicken. Dabei sind die mit den neuen Medien verknüpften Hoffnungen, der Computer könne die Funktion eines Lehrers übernehmen (und damit vor allem auch die Mütter beispielsweise von den drögen Textdiktaten entlasten, deren Beitrag zur Steigerung der Rechtschreibfähigkeit in der Didaktik zudem eher als gering eingeschätzt wird) und das Arbeiten am Computer sei per se für Kinder motivierend, eher trügerisch. In einer fast blauäugig, bezogen auf die Qualität der angebotenen Software, zu nennenden Haltung, geben Eltern Unsummen für CD-ROMs aus: Laut einer Studie des Instituts der deutschen Wirtschaft in Köln geben Eltern wöchentlich knapp 35 Mio. DM für Nachhilfe aus, so schreibt die Augsburger Allgemeine vom 26. Juli 2000, Nummer 170, 5. Dabei stützen sie sich auf so genannte Software-Ratgeber, deren Beurteilungsergebnisse manchmal eher zweifelhaft scheinen. Und das gewünschte Ergebnis, sprich die selbstständige, kontinuierliche Arbeit mit dem Programm und schulischer Erfolg, bleibt jedoch leider oft aus.

Der Hauptmangel vieler Programme zum Rechtschreiben lässt sich auf einen einfachen Nenner bringen: Die zu bearbeitenden Übungen lassen sich oft genauso gut mit Papier und Bleistift erledigen. Dass sich zudem mitunter sachliche Fehler einschleichen oder Hinweise bei gemachten Fehlern unsinnig sind bzw. gänzlich fehlen, ist höchst ärgerlich; Hilfestellungen zur individuellen inneren Regelbildung – völlige Fehlanzeige. Erstaunlich auch, dass die erwachsenen Programm-Macher scheinbar eine unzureichende Vorstellung davon haben, was Kinder wirklich zur (Weiter-)Arbeit motiviert, anders lässt sich manche Gestaltung und manches Konzept nicht erklären. Kein Wunder also, wenn die Software nach kurzem Gebrauch ins Regal gestellt wird und sich Frust bei Kindern und Eltern breit macht.

In der Einheit geht es zum einen um technische Kompetenz, denn die Kinder sollen die Software, die ja für sie konzipiert ist, eigenständig installieren und nur mit Hilfe des beiliegenden Handbuches damit arbeiten. Um zu einer Bewertung der Software zu kommen, sind zum anderen aber auch Rechtschreib- und Schreibkompetenz nötig: Die Übungen und unter Umständen die angebotenen Hilfestellungen müssen auf Richtigkeit, Sinnhaftigkeit usw. geprüft werden. Zudem müssen in der Kleingruppe, wenn es um das gemeinsame, konsensfähige Urteil geht, die eigene Meinung und Wertung argumentierend dargestellt, andere Sichtweisen akzeptiert werden.

Voraussetzungen

Software-Programme zum Rechtschreiben, Computer, noch besser: Computerraum, Auswertungsbogen

Möglicher Verlauf

Zuerst wird der Verlauf des (halben) Vormittages erläutert:

Je drei Kinder bilden eine Gruppe an einem PC, erhalten eine Originalsoftware und einen Auswertungsbogen. (Die Einheit wurde im Computerraum der benachbarten Hauptschule durchgeführt. Ist kein Raum mit mehreren PC verfügbar, könnte man die Arbeit so organisieren, dass die Programme an mehreren aufeinander folgenden Tagen am Klassen-PC begutachtet werden.)

In der Phase 1 (60 Minuten oder länger) geht es darum, das Programm „zum Laufen zu bringen", sich zu orientieren und die angebotenen Übungen abwechselnd durchzuführen. Dabei könnten bereits Auffälligkeiten kurz notiert werden. Sich mit Hilfe des vorbereiteten Fragebogens das Programm noch einmal zu vergegenwärtigen und im Gruppengespräch zu Wertungen zu kommen, die auch schriftlich festgehalten werden, ist Inhalt der Phase 2.

In Phase 3 wird die Software den anderen vorgeführt (entweder am Gruppen-PC oder, falls möglich, via Beamer), die Gruppe stellt ihre Meinungen und Wertungen dazu begründend dar.

Die Phasen 1 und 2 sollten möglichst eigenständig ablaufen, die Lehrkraft greift wirklich nur in Notsituationen (PC-Absturz, Inkompatibilität der Software mit dem Betriebssystem usw.) ein. In Phase 3 wird bei der Präsentation (vor allem via Beamer) assistiert.

> In der Erprobung, die mit 13 Gruppen und sechs Programmen in einem Computerraum durchgeführt wurde, hat sich gezeigt, dass es sinnvoll ist, sich auf zwei bis drei Programme zu beschränken. Werden mehr Programme verwendet, dann ist der Austausch über die jeweilige Software eher unergiebig, außerdem streckt sich die Phase der Präsentation zu sehr.
> Unproblematisch war für die Kinder die Installation der Software, bei manchen der eingesetzten Programme gelang es ihnen jedoch nicht immer, eher versteckte Funktionen, z. B. eine Regelsammlung, die im persönlichen Wörterbuch versteckt ist, zu finden.

Dass die grafisch „aufgemotzten“, ansonsten aber eher dürftigen Programme nicht unbedingt den Zuspruch der Lernenden finden, mag das folgende Beispiel belegen:

> Was uns sonst noch aufgefallen ist:
>
> Es ist sehr leicht, an manchen stellen ist es witzig.
>
> Unsere abschließende Wertung: Es mach zwar spaß aber man lernt nicht so viel.

Folgende Software wurde verwendet:

- Die Abenteuerwelt der Wörter. Sunflowers (the world of entertainment [!; Einfügung von KMJ]) 1997;
- Fürst Marigor und die Tobis. Cornelsen 1997;
- Tim 7 und der Milliardär. Ubi Soft / Heureka Klett 1997;
- Duden Rechtschreibung. Duden Verlag 1998;
- Duden Diktat. Duden Verlag 1998;
- Alfons 2. Schroedel 1997.

Der verwendete Auswertungsbogen thematisiert eine Mischung aus technischen Fragen, entlastet durch die Möglichkeit des Ankreuzens, lässt aber Raum für ganz eigene Sichtweisen und Wertungen.

Fragen zur Rechtschreib-Software

Wie heißt die Software? ______________________________

Verlag und Jahr? ______________________________

Die Installation war ______________, weil ______________

____

Kreuzt bitte an:

	ja	nein
Die Übungen sind abwechslungsreich.		
Es ist bei jeder Übung klar, worum es geht.		
Die Übungen sind zu einfach.		
Fehler werden berichtigt und erklärt.		
Es gibt eine Auswertung der Fehler, die zeigt, wo man Schwierigkeiten hat, was noch geübt werden muss.		
Wenn man Fehler macht, werden Hilfen angeboten.		
Es gibt Möglichkeiten, an gemachten Fehlern in besonderen Übungen weiterzuarbeiten.		
Es gibt Rechtschreibregeln.		
Diese Regeln sind verständlich.		
Texte und Übungen kann man ausdrucken.		
Grafik und Sound sind gut.		

Was uns sonst noch aufgefallen ist:

____

____

____

Unsere abschließende Wertung: ______________________________

____

____

Gesamtnote: ☐

Namen der Prüferinnen und Prüfer: ______________________________

Katzentatzentanz – Ein Musical auf Video

Thema und Intentionen

Noch immer scheuen sich viele Lehrkräfte, das Verfilmen von Literatur in den Unterricht einzubeziehen. Gebetsmühlenartig hört man, es stünde zu wenig Zeit zur Verfügung, man habe Wichtigeres zu tun oder man kenne sich selber leider überhaupt nicht aus. Dabei ist es, beachtet man einige wenige Regeln und beschränkt sich auf die notwendigsten Funktionen, beiliebe keine Kunst, an einem Schulvormittag mit Kindern einen Film zu drehen. Eine klare (auch pädagogisch motivierte) Absage ist, und das ist ebenfalls etwas, was nicht allen leicht fällt, einem Perfektionismus zu erteilen, der jedes Produkt an seiner Vorzeigbarkeit misst. Darum geht es hier nicht. Viel mehr soll ohne großen Aufwand an Kostümen oder Kulisse ein Film für die Klasse entstehen.

Verfügen die Kinder noch über keine oder wenige Erfahrungen mit der Videokamera, werden, um allen Kindern erfolgsgekrönte Erfahrungen beim Filmen zu verschaffen, die Grundeinstellungen (Kamerastandpunkt, Bildausschnitt) gemeinsam vorgenommen. Erfahrungsgemäß geben sich manche Kamerakinder, vor allem die, deren Eltern Videokameras nutzen, damit nicht zufrieden und probieren bereits während des Filmens weitere Funktionen wie Schwenk und Zoom (dazu muss nur ein Schalter betätigt werden) aus und lassen so auch Rückschlüsse auf möglicherweise implizites Wissen über filmische Gestaltungsmöglichkeiten auf Seiten der Kinder zu.

Ausgangspunkt der Einheit, die übrigens in einer ersten Klasse durchgeführt wurde, ist das kleine Pappbilderbuch *Katzentatzentanz* von Helme Heine (München: Middelhauve o. J.) „mit einem Lied zum Mitsingen von Fredrik Vahle“ (Klappentext). In der Realisierung entwickeln sich die Phasen 2 (Singen), 3 (Bewegung), 4 (szenisch-spielerische Darstellung) und 5 (Verfilmen) nahtlos und unaufgesetzt aus der gemeinsamen Lektüre eines Buches.

Zum Inhalt: Eine Katze tanzt alleine herum, nacheinander kommen Igel, Hase, Hamster und Hofhund zu ihr und bitten um ihre Tatze. Sie lehnt jedoch jede Avance mit einer anderen Begründung ab. Erst als ein Kater kommt, willigt sie, sehr zur Freude der Mäuse, in einen Tanz zu zweit ein.

Zu erwähnen ist noch, dass die Kinder bei der filmischen Arbeit einen Eindruck davon gewinnen, wie groß der zeitliche Unterschied zwischen Verfilmen und der tatsächlichen Dauer des fertigen Films ist. Bei der Arbeitsrückschau äußern Kindern immer ihre Verwunderung über diese Diskrepanz, können dann aber eher nachvollziehen, dass an manchen Filmen bis zu zwei Jahren gedreht und gearbeitet wird.

Voraussetzungen

TV-Video-Kombination; Videokamera mit Stativ; am einfachsten wäre eine VHS-Kamera, die bespielte Kassette muss dann nur noch in den Videorekorder eingelegt werden, Kameras mit anderem Format (z. B. Video 8 oder Mini-DV) werden über ein entsprechendes Kabel mit dem Fernseher oder dem Videorekorder verbunden.

Möglicher Verlauf

Im Lesekreis wird der Text gemeinsam erlesen. Kinder stellen dabei sofort fest, dass sich Teile wie beim Refrain eines Liedes wiederholen („Und die Katze tanzt allein, tanzt und tanzt auf einem Bein"). Diese Überlegungen führen direkt zum Singen des – inklusive Gitarrenbegleitung – mitabgedruckten Liedes, das sich exakt an die textliche Vorlage hält: Der Lesekreis ist nun ein Singkreis. Da der Text einfach ist und vorher ja mehrmals gelesen wurde, können die Kinder sehr schnell auswendig mitsingen, notfalls kann auf dem Textblatt nachgesehen werden. Und weil der Kreis gleichzeitig eine ideale Bühne herstellt, wird das Lied zuerst mit Bewegung kombiniert, was dann zu einer szenisch-spielerischen Darstellung der Handlung führt. Der nächste Schritt, dieses Spiel quasi als Musical noch zu verfilmen, bietet sich geradezu an. Dabei singen, spielen und filmen die Kinder, der Lehrer übernimmt lediglich die musikalische Begleitung.

Nun gestalten die Kinder mit im Klassenzimmer vorhandenen Mitteln das Filmstudio, also den Raum, in dem sich die Darsteller bewegen, gemeinsam wählt man einen günstigen Kamerastandpunkt (auf Lichtverhältnisse achten, Gegenlicht vermeiden), stellt das Stativ auf, fixiert die Kamera und stellt die Stromzufuhr her. Erweist sich die Position als günstig, hat das jeweils filmende Kind nur noch die Aufgabe, die Kamera auf das Geschehen zu richten und durch Drücken des Start-/Stopp-Knopfes Szenenanfang und -ende zu markieren, die Scharfeinstellung überlässt man der Kamera (Autofokusfunktion). Da das Musical kurz ist, können so viele Durchgänge gefilmt werden, dass jedes Kind sowohl Kamerakind als auch Darsteller sein kann.

Empfehlenswert bei jeder Art der Verfilmung ist ein Kontrollmonitor, der der Einfachheit halber der Fernseher der TV-Video-Kombination ist. Dazu muss nur die Videokamera mit dem Videorekorder oder direkt mit dem TV-Gerät verbunden werden. Vorteile sind u. a.: Mehrere Kinder sehen, was wie gefilmt wird und können dem Kamerakind entsprechend Tipps geben; für ungeübte Kinder (und das wird die Mehrzahl sein) stellt das größere Bild eine Erleichterung dar, weil sie da „besser sehen" als im Sucher; nicht zuletzt hat auch die Lehrkraft eine kleine Kontrollmöglichkeit, weil in der Regel die Funktionsbefehle wie *Rec* oder *Play* ebenfalls auf dem Fernsehbildschirm dargestellt werden, also zum Beispiel vermieden werden kann, dass vergessen wird, die Aufnahmetaste zu drücken.

Wo ist meine Brille? – Die Dialog-Szene von Karl Valentin lesen, hören, spielen, verfilmen

Thema und Intentionen

Bereits Kinder der Grundschule soll der Reichtum von Literatur vermittelt werden, das fordern eigentlich alle Lehrpläne. Die Begegnung mit Literatur darf sich daher auch auf der Primarstufe nicht nur auf die genuine Kinder- und Jugendliteratur beschränken, es ist im Sinne der allseits postulierten Leseförderung wichtig, dieses schulische Spektrum der (zu Recht) bekannten Autorinnen und Autoren zu erweitern und einmal einen Schulvormittag denjenigen zu widmen, die sonst eher unbeachtet bleiben. (Vgl. dazu z. B. METZGER, Praxis Deutsch 148/1998)

Karl Valentin eignet sich dazu nicht nur in Bayern in besonderer Weise, denn sein Werk ist im modernen Sinne multimedial, umfasst Literatur, Radio, Film, Theater, Musik. Sein hintergründiger Humor, der sich so wohltuend von dem unterscheidet, was uns täglich im Fernsehen inflationär als *Comedy* verkauft wird, seine fast philosophisch zu nennenden Sprachverdrehungen in Monologen, Dialogen und Szenen, sein subtiles filmisches Schaffen mit der kongenialen Partnerin Liesl Karstadt und die musikalischen Gassenhauer bieten reichhaltigen Stoff.

Der Schulvormittag soll einige Facetten seines Werkes für Kinder erfahrbar machen und zu eigenem kreativen Gestalten anregen. Im Zentrum steht dabei das Dialogstück *Wo ist meine Brille?* (Aufnahme von 1938).

Voraussetzungen

Foto von Karl Valentin, Schallplattenaufnahme und Textblatt von *Die Brille,* Aufzeichnungen von Filmen, Lied *Die alten Rittersleut',* TV-Video-Kombination

Möglicher Verlauf

Vor Unterrichtsbeginn werden Tische und Bänke auf die Seite geräumt, die Stühle zum Kreis aufgestellt. Der Lehrer hängt ein vergrößertes Foto von Karl Valentin an die Tafel und lässt die Kinder sich dazu äußern. Einer schreibt den Namen dazu und man bespricht, worum es den ganzen Vormittag über gehen wird.

Karl Valentin, eigentlich Valentin Ludwig Fey, (1882–1948), Volksschauspieler, Theater- und Filmautor. Der in der Münchner Vorstadt Au geborene Komiker gehört zu den populärsten Gestalten des deutschen Volkstheaters mit Einfluss weit über das Volksschauspiel hinaus bis zum modernen Theater. Ab 1902 trat er als professioneller Vereinshumorist und Volkssänger auf Varieté- und Kleinkunstbühnen in der bayerischen Landeshauptstadt auf. Sein Repertoire umfasste über 400 Couplets, Solovorträge, Szenen und Dialoge, die er seit 1911 vor allem mit seiner Partnerin Liesl Karlstadt (eigentlich Elisabeth Wallano, 1882–1960) erarbeitet hatte. Ab 1912 wurden auch einige dieser Szenen verfilmt, u. a. *Die lustigen Vagabunden* (1912/1913), *Der neue Schreibtisch* (1914/1915), *Auf dem Oktoberfest* (1923), *Orchesterprobe* (1933), *Im Schallplattenladen* (1934) und *Der Firmling* (1934). Berühmt wurde sein *Buchbinder Wanninger*, den er auf Schallplatte aufnahm. Ab 1922 arbeitete Valentin mit Klabund und Bertolt Brecht an den Münchner Kammerspielen. Mit Brecht drehte er 1922/1923 auch den Film *Die Mysterien eines Friseursalons*. In München hat man dem Volksschauspieler das Valentin-Musäum eingerichtet. Valentins Thema war das Großstadtleben. Er beschrieb in grotesken Parodien und durch Situationskomik das offensichtlich Vertraute und das Widersprüchliche im Alltag der so genannten „kleinen Leute“. Wichtig dabei war besonders sein an die Dadaisten erinnerndes Sprachspiel.

- Phase 1 – Film: Als Nächstes wird – auch beispielhaft für das spätere eigene Filmen – der knapp zehnminütige Stummfilm *Der neue Schreibtisch* (1914/15) betrachtet, der mit äußerst sparsamen filmischen Mitteln gedreht ist und vor allem durch seine Situationskomik überzeugt.
- Phase 2 – Literatur: Die Kinder erhalten den Text und lesen ihn still, heute kaum mehr verstehbare Textstellen werden geklärt, es folgt ein lautes Lesen mit verteilten Rollen, wozu sich die Lesenden auf zwei Stühle inmitten des Kreises setzen.
- Phase 3 – Audioaufnahme: Gemeinsam hört man sich die Studioaufnahme der *Brille* an (Sprecher: Karl Valentin und Liesl Karstadt).

Wo ist meine Brille?
Karl Valentin

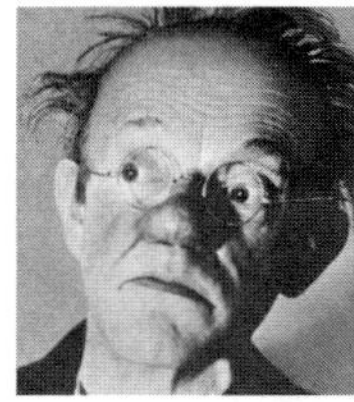

MANN: Klara! Ich finde meine Brille nicht. Weißt du, wo meine Brille ist?
FRAU: In der Küche hab ich sie gestern liegen sehen.
MANN: Was heißt gestern! Vor einer Stunde hab ich doch noch gelesen damit.
FRAU: Das kann schon sein, aber gestern ist die Brille in der Küche gelegen.
MANN: So red doch keinen solchen unreinen Mist, was nützt mich denn das, wenn die Brille gestern in der Küche gelegen ist!
FRAU: Ich sag dir's doch nur, weil du sie schon ein paar Mal in der Küche hast liegen lassen.
MANN: Ein paar Mal! Die habe ich schon öfters liegen lassen – wo sie jetzt liegt, das will ich wissen!
FRAU: Ja, wo sie jetzt liegt, das weiß ich auch nicht, irgendwo wird s' schon liegen.
MANN: Irgendwo! Freilich liegt s' irgendwo – aber wo – wo ist denn irgendwo?
FRAU: Irgendwo? Das weiß ich auch nicht – dann liegt s' halt woanders!
MANN: Woanders! – Woanders ist doch irgendwo.
FRAU: Ach, red doch nicht so saudumm daher, woanders kann doch nicht zu gleicher Zeit woanders und irgendwo sein! – Alle Tage ist diese Sucherei nach der saudummen Brille. Das nächste Mal merkst dir halt, wo du sie hinlegst, dann weißt du, wo sie ist.
MANN: Aber Frau!!! So kann nur wer daherreden, der von einer Brille keine Ahnung hat. Wenn ich auch weiß, wo ich sie hingelegt hab, das nützt mich gar nichts, weil ich doch nicht sehe, wo sie liegt, weil ich doch ohne Brille nichts sehen kann.
FRAU: Sehr einfach! Dann musst du eben noch eine Brille haben, damit du mit der einen Brille die andere suchen kannst.
MANN: Hm! Das war ein teurer Spaß! Tausendmal im Jahr verleg ich meine Brille, wenn ich da jedes Mal eine Brille dazu brauchte – die billigste Brille kostet drei Mark – das wären um dreitausend Mark Brillen im Jahr.
FRAU: Du Schaf! Da brauchst du doch nicht tausend Brillen!
MANN: Aber zwei Stück unbedingt, eine kurz- und eine weitsichtige. – Nein, nein, da fang ich lieber gar nicht an. Stell dir vor, ich habe die weitsichtige verlegt und habe nur die kurzsichtige auf, die weitsichtige liegt aber weit entfernt, so dass ich die weitsichtig entfernt liegende mit der kurzsichtigen Brille nicht sehen kann!
FRAU: Dann lässt du einfach die kurzsichtige Brille auf und gehst so nah an den Platz hin, wo die weitsichtige liegt, damit du mit der kurzsichtigen die weitsichtige liegen siehst.
MANN: Ja, ich weiß doch den Platz nicht, wo die weitsichtige liegt.
FRAU: Der Platz ist eben da, wo du die Brille hingelegt hast!
MANN: Um das handelt es sich ja! Den Platz weiß ich aber nicht mehr!
FRAU: Das verstehe ich nicht. Vielleicht hast du s' im Etui drinnen.

MANN: Ja!!! Das könnte sein! Da wird sie drinnen sein! Gib mir das Etui her!
FRAU: Wo ist denn das Etui?
MANN: Das Etui ist eben da, wo die Brille drinnen steckt.
FRAU: Immer ist die Brille auch nicht im Etui.
MANN: Doch! – Die ist immer im Etui. Außerdem ich hab s' auf.
FRAU: Was? – Das Etui?
MANN: Nein! – Die Brille.
FRAU: Jaaaaa! Was seh' ich denn da? – Schau dir doch einmal auf deine Stirne hinauf!
MANN: Da seh ich doch nicht hinauf.
FRAU: Dann greifst du hinauf! Auf die Stirne hast du deine Brille hinaufgeschoben!
MANN: Ah – stimmt! Da ist ja meine Brille! Aber leider?!
FRAU: Was leider?
MANN: Ohne Etui!

Aus: Karl Valentin: Gesammelte Werke in einem Band. Herausgegeben von Michael Schulte. München/Zürich: Piper ^{6}1994, S. 201 f.

Findige Schüler entdeckten dabei kleine Unterschiede und schlossen daraus, dass „die sich nicht immer genau an den Text halten“ oder „vielleicht gar nicht abgelesen haben“.

- Phase 4 – Spielen: Mit dem Hinweis, dass es, wie gesehen, von und mit Karl Valentin auch Filme gibt, die *Brille* jedoch nicht verfilmt wurde, wird zu Spiel und Verfilmen übergeleitet. In dieser Phase wird parallel an vier Stellen des Klassenzimmers, denn jedes Kind sollte mindestens einmal spielen, daran gearbeitet, das Dialogstück szenisch darzustellen. Einzig nötige Requisite: eine Brille.
- Phase 5 – Verfilmen: Gemäß den oben schon aufgeführten nötigen Teilschritten wird das Filmen vorbereitet. Dabei sind durchaus mehrere Durchgänge möglich, jedoch sollte auf wiederholende Aufnahmen verzichtet werden, um tatsächlich allen die Möglichkeit zu geben, als Darsteller zu agieren. Freigestellt werden sollte, ob die Kinder vom Blatt ablesen oder lieber improvisieren wollen.
- Phase 6 – Film: Den Bogen zum Beginn des Vormittages stellt das Betrachten der selbst hergestellten Filme zu *Die Brille* dar.
- Phase 7 – Musik: Den Abschluss des Vormittags bildet das gemeinsame Singen des Liedes *Die alten Rittersleut'*, von dem es als kleines Schmankerl auch die wunderbar schräge Originalaufnahme von 1941 zu hören gibt.

Audioaufnahmen von Karl Valentin sind auf LP (Zum 100. Geburtstag von Karl Valentin. Sein unvollständiges Gesamtwerk mit und ohne Liesl Karstadt. Ariola-Eurodisc 1980) und CD (in der Reihe Audio Books – Der Hör-Verlag) erhältlich.

Der Zauberer Schrappelschrut – Wie jeder mit der Kamera zaubern kann

Thema und Intentionen

Die Idee ist im Grunde nicht neu, gewinnt aber durch die dargestellte fächerübergreifende Verbindung und die Einbettung in ein Lied deutlich an Profil. Es geht darum, den Kindern einen grundlegenden Eindruck zu vermitteln, dass nicht alles, was sie im Fernsehen oder auf der Leinwand sehen, tatsächlich echt, dass vieles getrickst ist. (In die gleiche Richtung weist die Anregung zum Morphing am Computer, S. 70 ff.) Das lässt sich durch das eigene Handeln natürlich besser erleben als durch die Analyse von ausgewählten Beispielen (was sich aber durchaus fruchtbar anschließen kann).

Konkret erfahren Kinder, wie einfach sich im Film das plötzliche Verwandeln eines Menschen in – in diesem Falle – ein Plüschtier darstellen lässt.

Basis ist das Lied *Schrippel – Schrappel – Huckebein* (Text: Lore Kleikamp, Musik: Detlev Jöcker; auf der CD *1, 2, 3 im Sauseschritt.* Münster: Menschenkinder Verlag, o. J.; dazu ist im gleichen Verlag ein Liedspielheft erschienen).

Voraussetzungen

Noten zu *Schrippel – Schrappel – Huckebein*; Zauberhut und Zauberstab; Videokamera auf Stativ; TV-Video-Kombination (auch als Kontrollmonitor)

Möglicher Verlauf

Im Musikunterricht lernen die Kinder das Musikstück; das muss keinesfalls am gleichen Tag sein.

> Im Falle der Erprobung kannte meine Klasse, ein erster Schülerjahrgang, das Lied schon lange, denn erst im Laufe des Schuljahres kam mir die Idee, dass sich das Lied gut zur Darstellung des filmischen Tricks eigenen würde.

Die Kinder sollen an einem bestimmten Tag ihre Lieblingskuscheltiere o. Ä. mit in die Schule bringen. Die Videokamera ist schon aufgebaut, es ist klar, dass gefilmt werden soll. Die Kinder setzen sich mit ihrem Plüschtier im Kreis um die Kamera herum. Zielrichtung und Ablauf des Vormittages werden besprochen: „Der Zauberer Schrappelschrut verzaubert Menschen in Tiere. Was in der Wirklichkeit nicht geht, kann im Film sehr leicht passieren. Das wollen wir heute ausprobieren." Für die Illusion entscheidend ist, dass das Band exakt an einer bestimmten Stelle des Liedes angehalten wird:

„Da steht der Zauberer Schrappelschrut mit seinem großen Zauberhut. Er überlegt, schaut ihn nur an, was er wohl wieder zaubern kann. Schrippel – Schrappel – Huckebein, du sollst jetzt ein … [Pausentaste drücken]

[Play-Taste drücken] … Plüschhund sein!“

Jedes Kind darf eine Strophe verfilmen – die Reihenfolge der Filmenden wird vorher festgelegt und an der Tafel aufgeschrieben – und weil jedes Kind ein Kuscheltier dabei hat, können auch alle gefilmt werden und jeder darf einmal der Zauberer sein. Durch die Montagetechnik des „harten Schnitts“ (➜ 10) ist es möglich, das Filmen über den ganzen Schulvormittag zu verteilen und zwischendurch zur Abwechslung anderes zu tun.

Zum Abschluss des Vormittags schaut man sich den fertigen Film gemeinsam an und erlebt, wie einfach doch verblüffende Tricks manchmal zu bewerkstelligen sind.

➜ 10 Montage: Harter Schnitt

Der Begriff Montage meint die Verknüpfung filmischer Einheiten durch Schnitt oder Blende (Abblende, Überblende, Trickblenden). Unter „hartem Schnitt“ versteht man das additive Nacheinander zweier (vollkommen unterschiedlicher) Einstellungen, ein „weicher Schnitt“ wird oft gar nicht als Schnitt erkannt. Nur erwähnt werden kann, dass die Montageformen zudem noch nach narrativen, deskriptiven und metonymischen systematisiert werden.
Die manipulativen Möglichkeiten durch filmische Montage können auch, das zeigt die Geschichte, u. a. zu propagandistischen Zwecken missbraucht werden.

Aus Marisa wird Verena – Morphing am PC vermittelt Einsichten in filmische Tricktechnik

Thema und Intentionen

Ein großer Teil heutiger Filme wird am Computer generiert, die Tricktechnik spielt vor allem in den Genres Science-Fiction (z. B. in den *Star Wars*-Episoden von George Lucas, in *Jurassic Park* von Steven Spielberg) oder Action, auch in „historischen" Filmen (*Gladiator* von Ridley Scott ist ein aktuelles Beispiel) eine immer dominierendere Rolle. Das wissen unsere Kinder, ungeklärt ist jedoch für viele das „Wie". Wie solche Sequenzen am Computer hergestellt werden, soll an einem Vormittag am Beispiel des Morphing (➜ 11) erarbeitet werden. Eines der spektakulärsten frühen Beispiele für diese Technik war 1991 im (nicht für Kinder geeigneten) Film *Terminator II* (Regie: James Cameron; der Film erhielt einen Oscar für die Visual effects) zu sehen. Die Einheit ist ein weiterer Beitrag, den Kindern die Fiktionalität und Irrealität von nicht auf sachlicher Ebene angesiedelten Filmen zu verdeutlichen.

➜ 11 Morphing

Morphing (oder *Warping*) meint grundsätzlich einen metamorphosierenden Prozess, etwa eine Person, die ihr Aussehen ändert und sich in eine andere verwandelt. Am Computer kann das ganz leicht gemacht werden. Man wählt zwei Bilder gleicher Größe aus, markiert die zu verwandelnden Teile (je mehr und exakter, umso besser das Ergebnis), und legt fest, in wie vielen Schritten sich das Morphing vollziehen soll (auch hier: je mehr Schritte, umso besser das Ergebnis). Aufgrund dieser Daten generiert das Programm die Morphing-Sequenz, die dann in Einzelschritten *(Frames)* oder im fließenden Übergang als Film betrachtet werden kann. Dabei können sowohl die Geschwindigkeit als auch die Richtung (vorwärts/rückwärts) der Darstellung verändert werden.

Schritt 1: Ausgangs- und Zielbild wählen

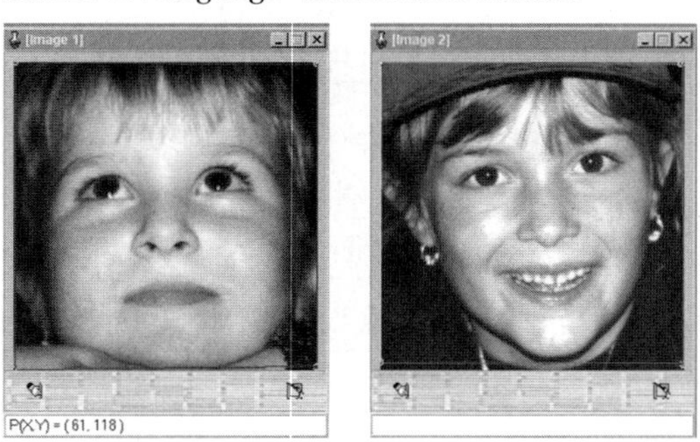

Schritt 2: Optionen festlegen – In diesem Fall wurde der Einfachheit halber das ganze Bild markiert und sollte in nur fünf Schritten umgewandelt werden. (Je mehr Schritte, desto fließender wird der Übergang.)
Schritt 3: Das Programm vollzieht den Morphing-Prozess:

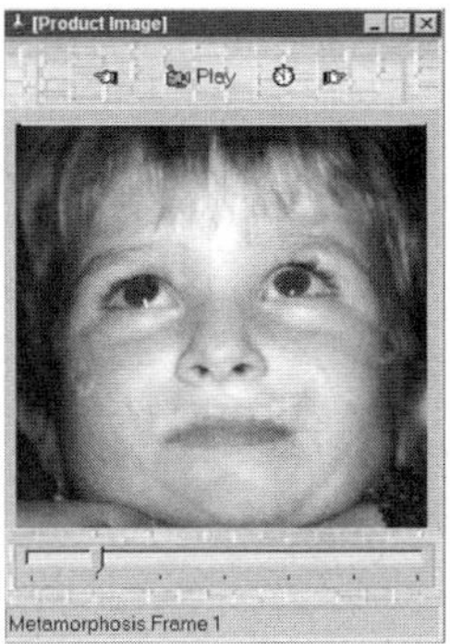

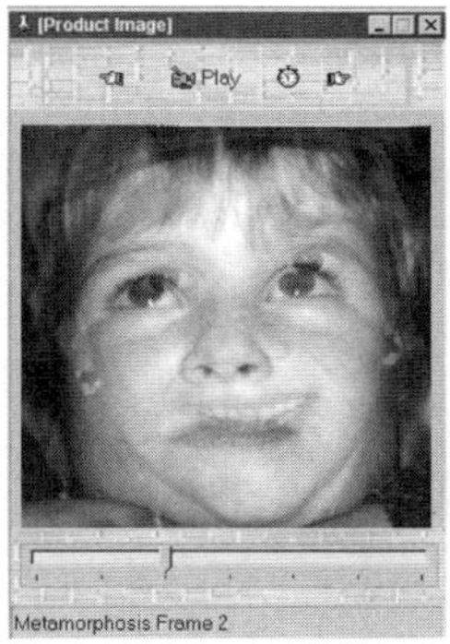

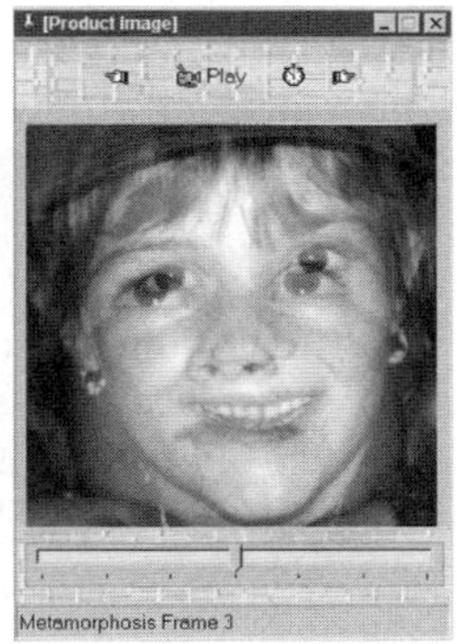

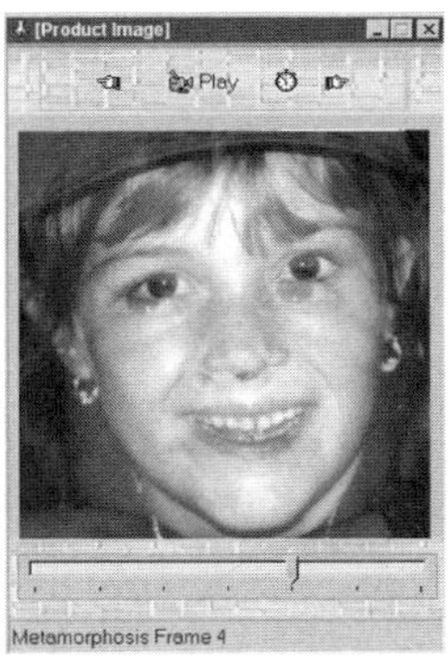

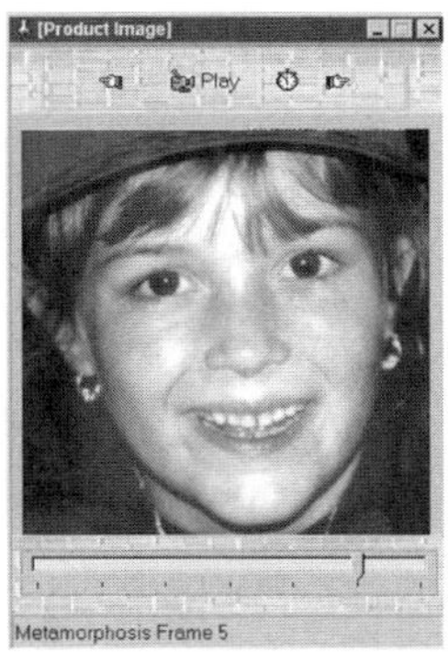

Schritt 4: Das Produkt kann nun in allen denkbaren Varianten betrachtet werden.

Der Abdruck einzelner Frames ist im Vergleich zum Morphing-Film natürlich weit weniger eindrucksvoll!

Voraussetzungen

PC mit Morphing-Programm, im Beispiel wurde mit der Freeware (kostenloses Programm, das beispielsweise über das Internet heruntergeladen werden kann) BitMorph 3.0 gearbeitet; im *.bmp-Format abgespeicherte Fotos oder Bilder

Möglicher Verlauf

Vorbereitend sollen die Kinder an einem bestimmten Tag ein Foto von sich mit in die Schule bringen. Da nicht davon auszugehen ist, dass an allen Schulen ein Scanner vorhanden ist (wenn ja, dürfen die Kinder ihre Bilder natürlich selber einscannen), scannt die Lehrerin die Fotos daheim ein und speichert sie ab. Dabei ist auf relativ geringe Größe zu achten, denn der Morphing-Prozess dauert ansonsten zu lange.

Sehr eindrucksvoll wäre es nun, wenn ein Beamer verfügbar wäre, damit das erste Morphing groß an der Wand mitverfolgt werden kann, es geht aber auch in Kleingruppen am PC.

Der Lehrende demonstriert modellierend an zwei Bildern die nötigen Schritte (wie oben beschrieben). In Partnergruppen machen sich die Kinder mit ihren Bildern an die Arbeit. Am Mittag werden dann die Ergebnisse betrachtet und mit viel Freude mitverfolgt, wie sich z. B. Marisa in Verena verwandelt.

Patchwork – Bilder + Schreiben = Buch

Thema und Intentionen

Kinder zum Schreiben zu motivieren ist bereits in der Grundschule kein leichtes Unterfangen mehr, vor allem dann, wenn nach den ersten begeisterten und begeisternden Anfängen sich die Schule des Schreibens und der Texte bemächtigt. In den Jahrgangsstufen 3 und 4 sind oft die ersten Zeichen von Unlust kaum übersehbar.

Ein erster Schritt ist es, anregende und interesseweckende Schreibaufgaben zu finden. Damit die Schreibmotivation aber auch erhalten bleibt, gilt es, einige Aspekte zu beachten, die mit den Schlagworten Schreiberdifferenzierung, Schreibumgebung oder Berücksichtigung von „emotionalen, motivationalen und volontitiven Faktoren“ (Baurmann/Müller, Praxis Deutsch 149/1998, 16) an dieser Stelle zwangsläufig sehr ungenau beschrieben werden.

Die Anregung thematisiert das Schreiben zu Bildern, inzwischen fester Bestandteil im schulischen Schreiben:

> „Bilder wecken Vorstellungen, Erinnerungen, Assoziationen, lassen unserer Imaginationsfähigkeit freien Lauf, weil sie keine sprachlich ausformulierten Gedankenbahnen vorgeben. Die Imaginationen aber verlangen ihrerseits nach einem sprachlichen Ausdruck, bei dessen Suche dann wieder neue Assoziationen ausgelöst werden. Gerade in dem Unterschied der beiden Medien liegt also eine Chance für das Schreiben. Mit Sprache können Lücken, die das Bild erken-

nen lässt, gefüllt, Deutungsspielräume aufgeschlossen, Empfindungen und Assoziationen, die das stumme Bild weckt, zum Ausdruck gebracht werden. Ein Bild bietet dem Schreibenden Anregung und Halt, doch keine Formulierungen. Es lässt ihm die Freiheit, die Sprache zu finden." (LUDWIG/SPINNER 1992, 14)

Analog in etwa zum Prinzip der Irritation beim Kreativen Schreiben, bilden mehrere verschiedene Bilder, die auf den ersten Blick nichts gemeinsam haben, die Grundlage für einen Text. Der Schulvormittag unterteilt sich grob in Planungs-, Schreib- und Überarbeitungsphasen sowie in die Phase der Gestaltung und Herstellung eines Buches.

Voraussetzungen
Viele völlig unterschiedliche Bilder und Fotos in Kuverts, Schreibpapier in DIN A5, Tonpapier für die Buchdeckel, Wörterbücher, Binderücken-Locher (Desktop Comb Binder) oder Klammerhefter

Möglicher Verlauf
Es werden etwa so viele durchnummerierte DIN-A5-Kuverts vorbereitet, wie Partnergruppen in der Klasse sind; jedes Kuvert enthält etwa 20 Bilder. Die Lehrerin sagt, worum es geht: Um das Schreiben zu Bildern, wobei das ein Text zu allen Bildern oder mehrere Texte zu einigen Bildern sein können, und diese Geschichte bzw. Geschichten zu einem Buch zu heften (Zeigen des Binderücken-Lochers und der verschiedenfarbigen Binderücken und Umschläge). Falls es nicht sowieso üblich ist, wird deutlich gesagt, dass man sich während aller Schreibphasen im Schreibbüro beraten und helfen lassen kann.

Die Kinder entscheiden sich, ob sie alleine, in der Partnergruppe oder in einer größeren Gruppe (maximal vier) schreiben wollen, ziehen zufällig ein Kuvert und beginnen mit der Arbeit. Für diese Phase, in der die Bilder gesichtet und geordnet, Ideen gesucht und Schritte geplant werden, sind etwa 20 Minuten zu veranschlagen, für die folgende erste Schreibphase etwa 40 Minuten. Es folgt eine Pause, nach der die Kinder die Wahl haben, entweder ihre Texte auszutauschen und sich weitere Anregungen und Verbesserungsvorschläge einzuholen, oder sich in der jeweiligen Gruppe oder allein an das Überarbeiten zu machen, mit Hilfe des Wörterbuchs die Rechtschreibung zu kontrollieren und Teile bereits neu zu schreiben und den Umschlag usw. zu gestalten. Diese Phase kann so lange dauern, bis es noch etwa 60 Minuten bis zum Unterrichtsende sind – diese Zeit wird für das Lochen und Binden der Bücher benötigt.

Der Mann mit der großen Nase

Bild auf dem Buchdeckel: Wassiliy Kandinsky, Gelb – Rot – Blau, Öl auf Leinwand, 1925

Tu was! & Co. – Kinderzeitschriften vergleichen

Thema und Intentionen

Tendenziell nimmt die Neigung der Verlage zu, Zeitschriften zu publizieren. STRAßNER spricht gar von einer „Verzeitschriftung" der Gesellschaft, in der „in wöchentlichen bis vierteljährlichen Intervallen fast jeder Bürger von ihr erreicht wird." (STRAßNER 1999, 859) Das gilt für die Illustrierte ebenso wie für Fachzeitschriften und Zeitschriften für Kinder. Gerade dieser Markt ist besonders attraktiv, weil Kinder und Jugendliche zunehmend über mehr Geld verfügen und weit stärker als noch vor wenigen Jahren selbst bestimmend an der Konsumwelt teilnehmen. Zeitschriften für Kinder und Jugendliche decken jedes mögliche Marktsegment inzwischen mehrfach ab, dabei ist das Angebot für Mädchen zum Thema Pferde ebenso vielfältig wie Zeitschriften zu aktuellen Kinofilmen.

Trotzdem bleiben Kinderzeitschriften im Unterricht und auch der Wissenschaft weitgehend unbeachtet – im Aufsatz von STRAßNER beispielsweise sind die Kinderzeitschriften nicht als Teilbereich aufgeführt. Die Einheit soll den Kindern durch (gemeinsame) Lektüre und kurze Analyse bei der Beurteilung und Wertung (z. B. viel Werbung, trotzdem sehr teuer) ausgewählter Zeitschriften helfen. Es versteht sich, dass eine Bewertung der Zeitschriften durch den Lehrer sehr vorsichtig zu erfolgen hat, denn immerhin leisten auch die Zeitschriften ihren Beitrag im Rahmen einer umfassenden Leseförderung.

Voraussetzungen

Auswahl an Kinderzeitschriften, Arbeitsblatt

Möglicher Verlauf

Die mitgebrachten Zeitschriften werden in die Mitte des Sitzkreises auf den Boden gelegt. Nachdem sich die Kinder geäußert haben, wird der Ablauf besprochen und mit Zeitangabe an der Tafel notiert:

- Schmökerphase (ca. 30 Minuten)
- Auswahl einer Zeitschrift, Lesen der Zeitschrift, Ausfüllen des Vorstellbogens (30 Minuten) – Lehrerin im Infobüro
- Kurzes Vorstellen der Zeitschriften in drei Sätzen im Sitzkreis (20 Minuten)
- Gestaltung einer Ausstellungswand im Gang (20 Minuten)
- Lesen der aufgehängten Bögen
- Schmökerphase
- Arbeitsrückschau

Kinderzeitschriften

Diese Kinderzeitschrift stelle ich vor:

Verlag:	Jahr:
Preis:	Seiten: davon Werbung:

Das kannst du in meiner Zeitschrift finden:

Das finde ich gut an dieser Zeitschrift:

Das gefällt mir nicht:

Was ich anders machen würde:

Nach der Arbeitsrückschau werden die Zeitschriften im linken oberen Eck gelocht und ebenfalls, zu den jeweiligen Vorstellbögen, an die Wand im Flur gehängt; dort bleiben sie dann für eine Woche oder zwei, damit sich auch die anderen Klassen informieren können.

Oh, wie schön ist Panama – Der multimediale Janosch

Thema und Intentionen

Man kennt das ja, und das Jahr 2000 – Stichwort: Pokémon – hat es wieder eindrucksvoll bewiesen: Zu einem beliebigen Produkt, zumeist einem filmischen aus Hollywood, wird die ganze Konsummaschinerie in Gang gesetzt, das Produkt bahnt sich eine Schneise quer durch alle möglichen Medien und über alle denkbaren Kanäle: das Buch zum Film, das Spielzeug zum Film, die CD zum Film, die CD-ROM zum Film, die Playstation-CD zum Film, die Hörkassette zum Film, die Zeitschrift zum Film, die Sammelkärtchen zum Film, die Serie zum Film, das Sequel zum Film … – eine effektive, auf Lizenzbasis recycelnde Medien- und Wirtschaftsverflechtung. Das zu erfahren, buchstäblich zu begreifen und darüber nachzudenken, ist eine Intention der Einheit.

Dass Derartiges aber auch auf der Basis von Büchern möglich ist, zeigt, neben vielen anderen Beispielen, die „Janosch-Industrie". Hat es noch ganz harmlos mit einer Reihe von Büchern begonnen, die inzwischen auch bei ALDI zu kaufen sind, gibt es jetzt nichts mehr, was es nicht auch von Janosch gibt: Zeichentrickfilme, Tigerentenräder, Handtücher, Janosch-Puzzle, Kassetten, Der-kleine-Tiger-im-Straßenverkehr-CD-ROMs, Tigerentenbrillen, Tigerenten-Club im Fernsehen, T-Shirts, Internet-Sites, Tigerentenlupen und und und. Mit einer Idee nach immer dem gleichen Schema unendlich viel Geld machen – das könnte das Motto sein.

Voraussetzungen

TV-Video-Kombination, CD-Player, Kassettenrekorder, PC; einfache Gegenstände des alltäglichen Lebens und die gleichen Dinge als Janosch-Gegenstand mit jeweiligen Preisen: Bleistift, Waschlappen, Trinkglas, Fahrradklingel …; Spiele, CD-ROMs, Videoaufnahmen vom Tigerentenclub usw.

Möglicher Verlauf

Die Einheit beginnt am Tag vorher mit einem Eintrag ins Hausaufgabenheft: „Bring alles von daheim mit, was mit Janosch, der Tigerente oder dem kleinen Bären zu tun hat!"

Am nächsten Morgen werden die mitgebrachten Schätze – und es werden erfahrungsgemäß unendlich viele sein! – ausgelegt, dazu erzählt und berichtet, gelesen (Bücher), gehört (CD, Kassette), gezeigt (am Fernseher und am PC), gespielt. Dafür sollte ausreichend Zeit zur Verfügung stehen. Im Kreis wird in einem ersten Zugriff darüber reflektiert, welche Dinge der Meinung der Kinder nach wichtig, welche weniger wichtig und welche man eigentlich in dieser Form nicht unbedingt braucht (Jenny: „Die wollen halt auch was dran verdienen!"). Dabei kann auch die Lehrerin mit Argumenten eindeutig Position beziehen, aber auch wenn manches Kind den Waschlappen mit Tigerente für absolut unverzichtbar hält, ist eine Wertung „von oben herab" zu vermeiden.

Der Lehrer berichtet nun von der Entwicklung des Illustrators und Autors Janosch zum „multimedialen Janosch". Danach legt er die mitgebrachten Gegenstände mit Preisschildern in die Kreismitte und es wird überlegt, warum die Janosch-Dinge in der Regel mehr kosten als die anderen (Lizenzen, für die bezahlt werden muss).

> Als Maria meinte, die seien „halt auch besser als die anderen Sachen" und deshalb teurer, wurde ihr von vielen Seiten vehement widersprochen.

Nun wird in Gruppen durch Vergleich noch genauer nachgeforscht, was die Produkte eigentlich noch mit den Büchern von Janosch zu tun haben:

- Gruppe 1: Buch *Oh, wie schön ist Panama* und das gleichnamige Spiel aus dem Ravensburger Spieleverlag;
- Gruppe 2: Buch und die gleichnamige CD (Deutsche Grammophon Junior 1986);
- Gruppe 3: Buch und Zeichentrickfilm;
- Gruppe 4: Buch und die CD des Musicals *Oh, wie schön ist Panama* des Ensembles Christian Berg (erhältlich über Power Concerts Burglengenfeld).

Harry Potter – Der Zauberschüler im Internet

Thema und Intentionen

Harry Potter ist „Kult" – auch bei Grundschulkindern. Seit Monaten belegen die ersten drei der auf sieben Bände angelegten Reihe der schottischen Schriftstellerin Joanne K. Rowling weltweit die ersten Plätze der Bestsellerlisten: *Harry Potter und der Stein der Weisen* (Hamburg: Carlsen 1998), *Harry Potter und die Kammer des Schreckens* (Hamburg: Carlsen 1999) und *Harry Potter und der Gefangene von Askaban* (Hamburg: Carlsen

1999). Und um den im Oktober 2000 erschienenen Band wurde ein Hype veranstaltet, der normalerweise Popstars vorbehalten ist.

Adresse http://de.news.yahoo.com/000628/2/y9pf.html Wechseln zu Links

Riesenzauber um neuen «Harry Potter»

New York/London/Hamburg (dpa) - Mit Kinderfesten und Partys für erwachsene Fans von Harry Potter wird in den USA und Großbritannien die Ankunft des vierten Bandes über den kleinen Zauberlehrling gefeiert. Sein amerikanischer Titel ist «Harry Potter and the Goblet of Fire» (etwa: Harry Potter und der Feuerkelch), wie eine Sprecherin des amerikanischen Verlegers Scholastic Books am Mittwoch bestätigte.

Yahoo! Spezial
- Big Brother - Geschichten aus dem Menschen-Zoo
- MP3-News - Musik im Netz: Legal oder Illegal?
- Kultur-News - Oper, Theater, Literatur ...

Der Verkaufsstart ist in der gesamten englischsprachigen Welt am 8. Juli - einem Samstag, damit die jugendlichen Harry Potter-Fans nicht durch die Schule am sofortigen Kauf der Fortsetzung gehindert werden. Viele Läden wollen am 8. Juli rund um die Uhr geöffnet bleiben, um richtig Kasse zu machen. Über den Inhalt des Buches bewahren dessen schottische Autorin, Joanne K. Rowling, ebenso wie ihre Verlage in aller Welt tiefstes Stillschweigen.

In Deutschland müssen die Freunde des Zauberlehrlings noch warten. Dort erscheint das vierte Abenteuer von Harry Potter erst am 14. Oktober, voraussichtlich in einer Auflage von 350 000 Exemplaren, sagte eine Sprecherin des Carlsen Verlags in Hamburg. Die Übersetzung brauche einfach ihre Zeit, zumal das Werk auf Deutsch um die 900 Seiten haben werde. Selbst der deutsche Titel stehe noch nicht fest. Kosten wird es 44 Mark.

Die Harry-Potter-Reihe zählt bereits, obschon noch nicht alt und von öffentlichkeitsheischenden Plagiatsvorwürfen gebeutelt, zu den Klassikern der Kinder- und Jugendliteratur, was nicht nur mit den Verkaufszahlen zu tun hat, sehr viel aber damit, dass an Konzept und Erzähltechnik der Autorin alle Altersgruppen Gefallen finden, die Bücher international erfolgreich sind. Und was Kinder oben für das Werk Janoschs erfahren und erforscht haben, wird nun zu einer Conditio sine qua non:

> „Das Beispiel Harry Potter belegt, dass auch im Zeitalter medialer Schnelllebigkeit noch kinder- und jugendliterarische Klassiker geboren werden können. Voraussetzung dafür ist jedoch, dass die Geschichte bereits weitgehend enthistorisiert ist und sämtliche zur Verfügung stehenden Medien zur Platzierung der Neuerscheinung erfolgreich eingesetzt werden. Moderne Klassiker der Kinder- und Jugendliteratur können nicht mehr die Lieblingsbücher von Kindern sein, die in einem, zeitlich gedehnten Rezeptionsprozess Um- und Überarbeitungen über sich ergehen lassen und sich dabei immer wieder neu bewähren. Sie müssen multimedial geboren werden, dann steht einer Ergänzung des bestehenden Kanons nicht im Wege." (KÖNNEKER 2000, 9)

Recherchieren ist eine Basiskompetenz für schulische und wissenschaftliche Arbeit, inzwischen aber auch in der eigenen Freizeit nötig. In einem Zeitalter, in dem sich der Mensch vor (unnützen) Informationen kaum noch retten kann, mit weltweit allen zu jeder Zeit zur Verfügung stehenden Datenbanken und Informationsquellen sowie einer täglich explosiv wachsenden Zahl von Sites im Internet zu jedem erdenklichen Thema beschäftigen kann, kommt auch die Grundschule nicht umhin, mit Kindern elementare Techniken zu erarbeiten und einzuüben, die helfen, schnell und gezielt an die gewünschte Information zu kommen. Die Einheit bezieht sich auf die Recherche im Internet via Suchmaschinen (➜ 12), ebenso könnte die Suche nach Informationen auf einer Lexikon-CD-ROM im Zentrum einer derartigen Einheit stehen.

Es gab in der Erprobung einen guten Grund – und den sollte es immer geben, um nicht ziellos im World Wide Web herumzusurfen, dafür ist die Zeit in der Schule nun wirklich zu schade – um Harry Potter und die Internetrecherche zu verbinden: Wir wollten Informationen über den neuen, vierten Band, der Anfang Juli 2000 in der englischsprachigen Welt veröffentlicht wurde, in Deutschland aber erst im Oktober erschienen ist. Erwünschter Nebeneffekt: Gleichzeitig konnte das Internet-Angebot zu Harry Potter gesichtet werden.

Anmerkung: Die Einheit wurde im Computerraum einer Hauptschule durchgeführt, je drei Kinder teilten sich einen PC. Der Lehrer-PC war mit Beamer ausgestattet, so konnte jeder Schritt gemeinsam und gleichzeitig vollzogen werden. Und weil das Modell nicht mehr genau so wie gezeigt durchführbar war, sondern modifiziert werden muss, ist die Darstellung des Verlaufs im Präteritum und in der Wir-Form gehalten.

Voraussetzungen

PC mit Internet-Zugang, vorheriges Sichten möglicher Sites

Verlauf

Der Einstieg in den (halben) Vormittag wurde oben bereits genannt: Information zum vierten Band *Harry Potter and the Goblet of Fire* – nur kannten die Kinder den Titel nicht, also mussten wir zuerst danach suchen.

In die Adresszeile des Browsers wurde www.metager.de eingetippt, es öffnete sich die Site einer deutschen Meta-Suchmaschine.

Der erste Vorschlag der Kinder, was als Suchwörter eingegeben werden soll, war – erwartungsgemäß – „Harry Potter":

Das Ergebnis war niederschmetternd – fast 30 000 Treffer:

Yahoo.de:	20 Treffer	(von 7460 maximal)
AltaVista:	10 Treffer	(von 2207 maximal)
Infoseek.de:	10 Treffer	(von 1897 maximal)
Lycos:	10 Treffer	
nhf	0 Treffer	
Netfind:	10 Treffer	(von 17189 maximal)
Netguide:	9 Treffer	(von 1497 maximal)
T-Online:	10 Treffer	(von 236 maximal)
witch:	2 Treffer	
Gesamtanzahl:	81 Treffer	

HINWEIS: Sie haben SEHR viele Ergebnisse erhalten. Möglicherweise ist es sinnvoll:

- **Ihre Suchanfrage zu verfeinern, indem Sie weitere oder speziellere/treffendere Suchworte eingeben, oder**
- **die Ergebnismenge zu verringern, indem Sie "Ausschlussworte" vorgeben. Klicken Sie hierzu die MetaGer-Tips an, und lesen dort ggf. die Ziffer 3.**

Also mussten wir zurück zur Ausgangsseite und unsere Suchwörter ergänzen. Auf Vorschlag eines Jungen gaben wir „Harry Potter Askaban“ ein, die Trefferanzahl reduzierte sich erheblich:

Yahoo.de:	21 Treffer	(von 369 maximal)
witch	0 Treffer	
AltaVista:	10 Treffer	(von 140 maximal)
Infoseek.de:	10 Treffer	(von 130 maximal)
Lycos:	10 Treffer	
nhf	0 Treffer	
Netfind:	10 Treffer	(von 585 maximal)
Netguide:	9 Treffer	(von 152 maximal)
T-Online:	10 Treffer	(von 27 maximal)
Gesamtanzahl:	80 Treffer	

Wir scrollten nach unten, und tatsächlich gab der erste aufgeführte Treffer bereits einen Link zu einer Site an, auf der das neue Buch vorgestellt wurde – nun hatten wir den Titel. Durch Klicken auf den Hyperlink gelangten wir zur Site und sahen das Originalcover, das sich alle herunterladen durften (dazu reicht es, mit dem Cursor in das Bild zu fahren, die rechte Maustaste zu drücken und „Bild speichern" zu wählen):

Wir klickten uns zur MetaGer-Ausgangsseite zurück und wählten nun als Suchbegriffe „Harry Potter Goblet". Die Trefferanzahl reduzierte sich weiter und wir machten uns daran, gemeinsam das Angebot auszuprobieren, wobei das Hauptinteresse fast aller den Inhaltsangaben zum Buch galt („Aber eigentlich will ich das noch gar nicht wissen!"). Begeistert waren die Kinder davon, dass auf einer Site sogar schon die Kapitel genannt wurden. Gemeinsam lasen und schrieben wir Rezensionen (in den Bookshops), ärgerten uns über geistlose Harry-Potter-Fan-Seiten, erfuhren, dass es Harry Potter auch als Audio Book gibt (6 Kassetten, 72 DM), wurden mit einer Fehlermeldung konfrontiert, als wir einen Harry-Potter-Chatroom besuchen wollten, luden weitere Bilder und ganze Seiten aus dem Netz usw.

➔ 12 Suchmaschinen

Viele Suchmaschinen bieten neben der Möglichkeit, ganz einfach einen oder mehrere miteinander verknüpfte (und/oder) Suchbegriffe eingeben zu können, auch die Option, sich zuerst für einen Katalog zu entscheiden, in dem sich der zu suchende Begriff einordnen lässt. Wichtig ist auch die ***search-area***, also das „Gebiet", das nach dem Suchbegriff durchforstet wird. Hier kann zwischen Deutschland, Europa und dem ganzen Web gewählt werden. Eine besondere Art von Suchmaschinen sind sogenannte Meta-Suchmaschinen *(meta-crawlers),* die gleichzeitig mehrere Suchmaschinen durchsuchen.
Bei der Recherche im Netz ist es wichtig, sich einen genauen Suchbegriff zu überlegen. Je unspezifischer der Begriff, so wenn beispielsweise nur „Potter" eingegeben würde, desto unüberschaubarer ist die Liste der angezeigten Treffer; die Suche nach „Harry" AND „Potter" AND „Askaban" beispielsweise reduziert die Trefferanzahl erheblich.

Ameisen krabbeln – Eine selbst gemachte CD mit Gedichten

Thema und Intentionen

Auf gute Artikulation zu achten, die Sprechstimme richtig zu gebrauchen, Gestaltungsmittel zu erproben und bewusst einzusetzen, Texte aller Art ausdrucksvoll vorzutragen – all das sind wichtige Ziele im Bereich des Sprechens. Um sich über diese Punkte reflektierend austauschen zu können, ist (war) es immer empfehlenswert, von den Situationen, in denen diese Aspekte zum Tragen kamen, zumindest eine Kassettenaufnahme zu machen, damit z. B. ein Vortrag reproduziert werden konnte. Ähnliches lässt sich – mit großen Vorteilen – auch mit dem PC realisieren. Zur Durchführung des Modells sind beide Variationen möglich – am PC oder mit Kassettenrekorder.

Lyrik hat lehrplangemäß ihren festen Platz im Literaturunterricht der Grundschule; sie „ist die ästhetischste Manifestation von Sprache, das zeigt sich in der Rolle, die bei Gedichten der Form zukommt, und in der verdichteten Semantik. Die Beschäftigung mit Gedichten steht deshalb exemplarisch für die Entfaltung des sprachästhetischen Sinns." (Spinner 1999, 6)

Jedoch erfreuen sich Gedichte bei den Kindern nicht unbedingt großer Beliebtheit, wird doch immer noch allzu oft nur analysierend damit im Unterricht umgegangen. Um ihnen aber die Lektüre von Gedichten nicht völlig zu vergällen, sind unterrichtliche und methodisch-didaktische Formen nötig, die das Gedicht als ästhetisches Gebilde wieder in den Vordergrund rücken.

Voraussetzungen

PC mit Soundkarte (die Soundkartenhersteller liefern in der Regel mit der Karte Programme für Audioaufnahmen mit), Mikrofon, CD-Brenner (**➔ 13**) und Recording-Software; (um selber zu brennen: vertiefte PC-Kenntnisse)

Möglicher Verlauf

Ein großer Bestand an Gedichten wird vorbereitet, wobei darauf zu achten ist, dass sich darunter auch ungereimte befinden, denn allzu oft wird gerade in der Grundschule die Gattung Gedicht auf das Merkmal Reim reduziert. In einer freien Lesephase (ca. 30–45 Minuten) können sich die Schüler durch die Gedichte schmökern und erste Präferenzen bilden (maximal fünf Titel von Gedichten, die besonders gut gefallen haben, auf einem Blatt notieren). Im Gesprächskreis tauscht man sich darüber aus, wem was gut gefallen hat. Es ist auch für das Folgende m. E. kein Problem, wenn ein Gedicht mehrfach gewählt wird, denn es ist auch interessant zu hören, wie verschieden Kinder den gleichen Text vortragen. Jedes Kind trägt nun „sein" Gedicht vor – am besten, aber ohne Zwang, stehend und vor der Klasse.

Jetzt erfahren die Kinder, dass an diesem Vormittag eine Gedicht-CD entstehen soll, zu der jeder durch Vortrag eines gewählten Gedichtes beisteuert.

> Als die Kinder der Klasse das hörten, waren sie sich einig, dass sie, bevor es an die Aufnahme ginge, noch Zeit zum Üben bräuchten – was eigentlich zuerst nicht so geplant war, ich aber zugestand. Im Nachhinein wurde mir klar, dass sich das Fehlen dieser Phase als Mangel erwiesen hätte. Die Kinder bewiesen mir damit wieder einmal, wie ergänzungsbedürftig manchmal die Unterrichtsplanungen der Lehrenden sind.

Nun werden etwa fünf Gruppen gebildet, die sich nacheinander im Gruppenraum (oder auf dem Gang) an die Aufnahme machen. Jeder Gruppe werden die zur Aufnahme nötigen fünf Schritte gezeigt:

- Aufrufen der Software (im Beispiel das zur Soundkarte *SoundBlaster* gehörende Programm *WaveStudio*);
- Klicken des Icons Aufnahme; es öffnet sich folgendes Fenster:

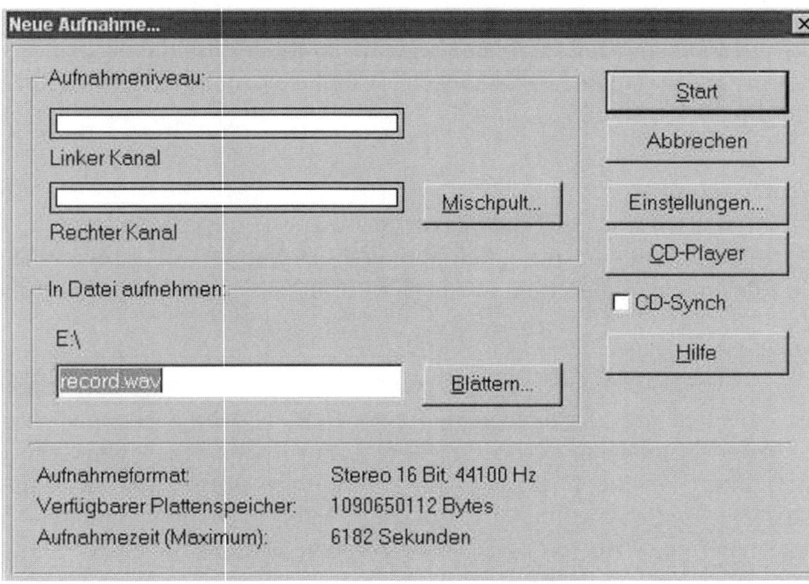

Eingabe des Dateinamens (Name – erstes Wort des Gedichts, z. B. Marisa – Ameisen);

- Kontrolle der Einstellungen des Mischpultes durch Klicken auf Mischpult:

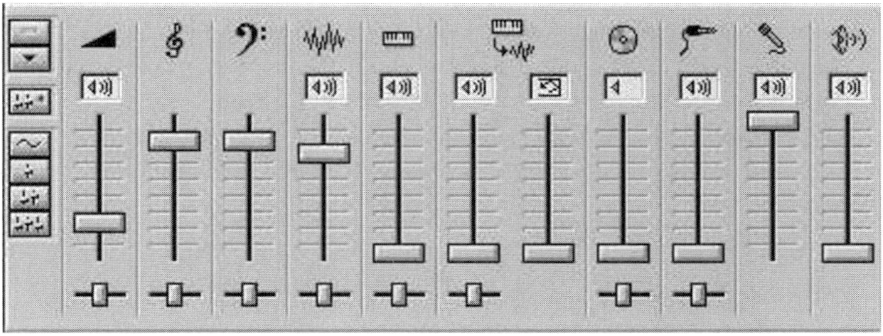

der Regler bei Mikrofon muss ganz oben stehen, die Regler links und rechts daneben (Line in bzw. Lautsprecher) jedoch unbedingt auf Null, um Rückkopplungen zu vermeiden;
- Schließen des Mischpultes;
- Klicken auf Start, wenn der Vortragende bereit ist.

Für eine Minute Audio-Aufnahme in Stereo (X. WAV-Format) benötigt man etwa 10 MB Speicherplatz, die Festplatte sollte also über genügend Kapazität verfügen, was jedoch bei neueren Computern eigentlich kein Problem ist.

Die Gruppen kontrollieren ihre Aufnahmen, dabei arbeitet man mit *Windows,* durch Doppelklick auf die entsprechende Datei im *Explorer.* Der Vortragende entscheidet, ob eventuell ein zweiter Durchgang nötig ist (wichtig: alte Datei löschen!).

Der nächste Schritt, die digitalen Daten auf CD zu brennen, wird in der Regel nicht in der Schule und nicht von allen Lehrenden durchführbar sein. Aber vielleicht gibt es eine Kollegin oder einen Kollegen, der über die nötige Ausrüstung verfügt und hilft. Weil diese die nächsten nötigen Schritte beherrschen, wird auf eine detaillierte Darstellung verzichtet.

In Kurzform: Sofern man nicht mit einem Notebook gearbeitet hat, müssen die Dateien nun entweder komprimiert oder auf zip-Disketten abgespeichert und auf den PC mit Brenner transferiert werden. Mit Hilfe einer Brenner-Software werden die Daten im Audio-Modus auf eine CD-R gebrannt und sind danach in jedem CD- oder DVD-Player abspielbar.
In der Erprobung habe ich das Brennen quasi simuliert, indem ich die Brennersoftware auf den PC aufgespielt und die dazu nötigen Schritte gezeigt habe.

Weil das Brennen inzwischen sehr schnell geht (im sicheren 4fach-Modus braucht es ca. 15 Minuten, um eine CD von 60 Minuten Lauflänge zu brennen), können sich die Kinder ein eigenes Exemplar brennen lassen (Rohlinge sind inzwischen für ca. 1,50 DM zu haben). Besorgt man sich dann noch Vorlagen für CD-Einleger (Deckel und Bodenteil), kann jedes Kind sein Erinnerungsstück nach eigenen Vorstellungen gestalten.

Die Einheit trägt übrigens die Überschrift „Ameisen krabbeln“, weil in der Erprobung u. a. das Gedicht *Ameisen krabbeln* von Hans Baumann zur Auswahl stand.

➜ 13 CD-Brenner

Mit einem CD-Brenner können Daten-, Audio-, Video-CDs sowie CD-Extra (z. B. eine Audio-CD plus interaktiven Elementen oder Video) hergestellt werden. Dazu braucht man so genannte Rohlinge, unbeschriebene und unformatierte CD-Rs (Speicherkapazität 650 bzw. 700 MB für Daten, 74 bzw. 80 Minuten für Audio), die durch die Brennersoftware im jeweils gewünschten Modus während des Brennvorgangs formatiert werden. Die Rohlinge können inzwischen mit bis zu 12-facher Geschwindigkeit beschrieben werden.

Goof! – Ein Film ist eben doch nur ein Film

Thema und Intentionen

Bis ein Film in die Kinos oder das Fernsehen kommt, durchläuft er drei Herstellungsphasen: die Pre-Produktion, die Dreharbeiten und die Post-Produktion. „Die Dreharbeiten produzieren das Rohmaterial, aus dem erst in der dritten Phase des Prozesses das Endprodukt wird.“ (MONACO 2000, 127)

Obwohl (oder gerade weil) an jedem der Teilprozesse sehr viele Menschen beteiligt sind und sich Dreharbeiten über Jahre hinweg dehnen können, unterlaufen selbst den Profis - manchmal zum Ärger, oft aber sehr zur Freude von Cineasten - immer wieder Fehler, so genannte goofs. Manche dieser logischen Fehler sind nur für Spezialisten erkennbar, beispielsweise, wenn in der *Titanic* (im gleichnamigen, mehrfach Oscar-preisgekrönten Film von James Cameron, 1997) in den Sälen Bilder hängen, die zum Zeitpunkt des Untergangs noch gar nicht gemalt waren. Andere sind so offensichtlich, dass sie auch der beiläufige Betrachter erkennt, etwa die berüchtigten Uhren an Schauspieler-Armgelenken in den Historienfilmen der 50er und 60er, ins Bild hineinragende Mikrofone oder die berühmte Bahnsteigszene mit Humphrey Bogart in *Casablanca* (1942, Regie: Michael Curtiz), als dieser, trotzdem er gerade im strömenden Regen stand, mit trockenem Trenchcoat in den Zug steigt. Auf manchen DVDs findet man inzwischen eine detaillierte Auflistung aller im Film vorkommenden goofs als Special Feature.

Eine unerschöpfliche, alphabetisch nach Filmtiteln geordnete Quelle zu goofs bietet sich im Internet unter http://www.dlc.fi/~frog/whoops.htm. (Sucht man nach dem oben genannten Film Titanic, erhält man folgenden Hinweis: „Titanic has a goofs page of its own due to the huge amount of goofs" – und tatsächlich sind Anzahl und Qualität der logischen Fehler beträchtlich!) Ebenfalls nach Titeln geordnet aber nicht so umfangreich ist die deutschsprachige Quelle www.film-fehler.de.

Dass viele Menschen mit den unterschiedlichsten Aufgaben im Team an einem Film mitwirken, ist eine Einsicht, um die es im Modell geht. So simpel das klingt, das Wissen darum ist bei den Kindern nicht besonders ausgeprägt, was zum einen daran liegt, dass nur wenige den Abspann eines Filmes im Kino oder auf Video noch mitverfolgen, zum anderen, weil vor allem private Fernsehsender zu Gunsten der Werbung den Abspann völlig weglassen und nur eine kurze zusammenfassende Schautafel einblenden. Eine zweite, speziellere Einsicht bezieht sich auf die wichtige Aufgabe einer Person, die in der Regel gar nicht wahrgenommen wird, des script supervisors oder continuity person, kurz continuity. Sie ist dafür zuständig, dass dem Team während der Dreharbeiten (möglichst) keine logischen Fehler unterlaufen. Durch die Analyse und das Beschreiben einiger Szenen mit offensichtlichem goof soll zudem die Einsicht in die Fiktionalität von Filmen verstärkt werden.

Voraussetzungen

TV-Video-Kombination, Abspann eines beliebigen Films, Plakate mit Berufsbezeichnungen im Film, Screenshots auf AB und Folie, Overhead

Verlauf

Zu Beginn läuft der (soweit möglich) gut lesbare Abspann eines Filmes über den Bildschirm. Weil trotzdem kaum Einzelheiten zu erkennen sind, läuft der zweite Durchgang in Slowmotion mit dem Auftrag, sich mindestens eine Berufsbezeichnung aus der linken Spalte aufzuschreiben. Im Gespräch werden mögliche Vorkenntnisse abgerufen. Was ungeklärt bleibt, soll in der Gruppe herausgefunden werden. Dazu erhält jede Gruppe eine Übersicht, auf der alle Mitarbeiter des Filmteams aufgeführt sind (vgl. S. 88–91) (Quelle: SPIEGEL special 8/1997, 103–106).

best boy
erster Assistent des gaffers

art director
Szenenbildner; entwirft in Zusammenarbeit mit dem Regisseur Szenenbilder und Requisiten; überwacht die Ausführung seiner Entwürfe für Bauten, Masken und Kostüme

set designer
Bauleiter, Filmarchitekt; kümmert sich um die Details bei der Realisierung der Entwürfe des art directors

set decorator
Requisiteur; unterstützt art director und set designer beim Beschaffen von Möbeln und anderen Gegenständen; sorgt für korrekte Einrichtung der Szenen

production buyer
Produktionseinkäufer (Requisiten, Bühne, Garderobe usw.)

property man
Hüter aller Requisiten, von der Rüstung des Helden bis zur Zigarettenspitze der Diva

costume designer
Kostümbildner; entwirft historische Kostüme oder zeitgenössische Bekleidung; kontrolliert Beschaffung, Verleih und Fertigung

gowns by ...
Garderobe von ...; Modeschöpfer im Dienste der Stars; so wie Nino Cerutti, der die Kult-Krimiserie „Miami Vice“ ausstattete

gaffer
Chefelektriker; sichert die Stromversorgung und plaziert die Scheinwerfer für den director of photography

rigger
Bühnenarbeiter

striking labour
auch: swing gang; Bühnenarbeiter; bauen Dekorationen über Nacht auf oder ab

cameraman
auch: focus puller; Kameraassistent; unterstützt den Kameramann bei Wartung und Bedienung der Kamera, sorgt für scharfe Bilder, wechselt Objektive und behält generell die Kamera im Auge

director of photography
Kameramann, Chefkameramann; verantwortlich für den Stil, die „Handschrift" der Kameraführung

boom operator
Techniker mit Mikrofongalgen

director
Regisseur; lenkt und bewertet die Arbeit der Schauspieler, Kameraleute, des Bühnenarchitekten und des Komponisten

assistant director
Regieassistent; rechte Hand des Regisseurs mit eher administrativen als kreativen Aufgaben; darf manchmal „Action" rufen – aber niemals „Cut"

script supervisor
auch: scriptgirl, continuity person; unverzichtbar, da Dreharbeiten fast nie dem Handlungsfaden folgen; protokolliert, wann wo wer oder was wie aussehen muss (Kostüme, Maske der Darsteller, Requisiten, Kulissen)

producer
Produzent; administrativ und finanziell hauptverantwortlich

executive producer
Spitzenfunktionär der Produktionsgesellschaft; meist zur Beaufsichtigung des Produzenten eingesetzt

creative producer
Produzent, der sich auch um die Stoffentwicklung kümmert

production manager
Aufnahmeleiter; während der Dreharbeiten für die Ausführung aller Anforderungen des Regisseurs verantwortlich

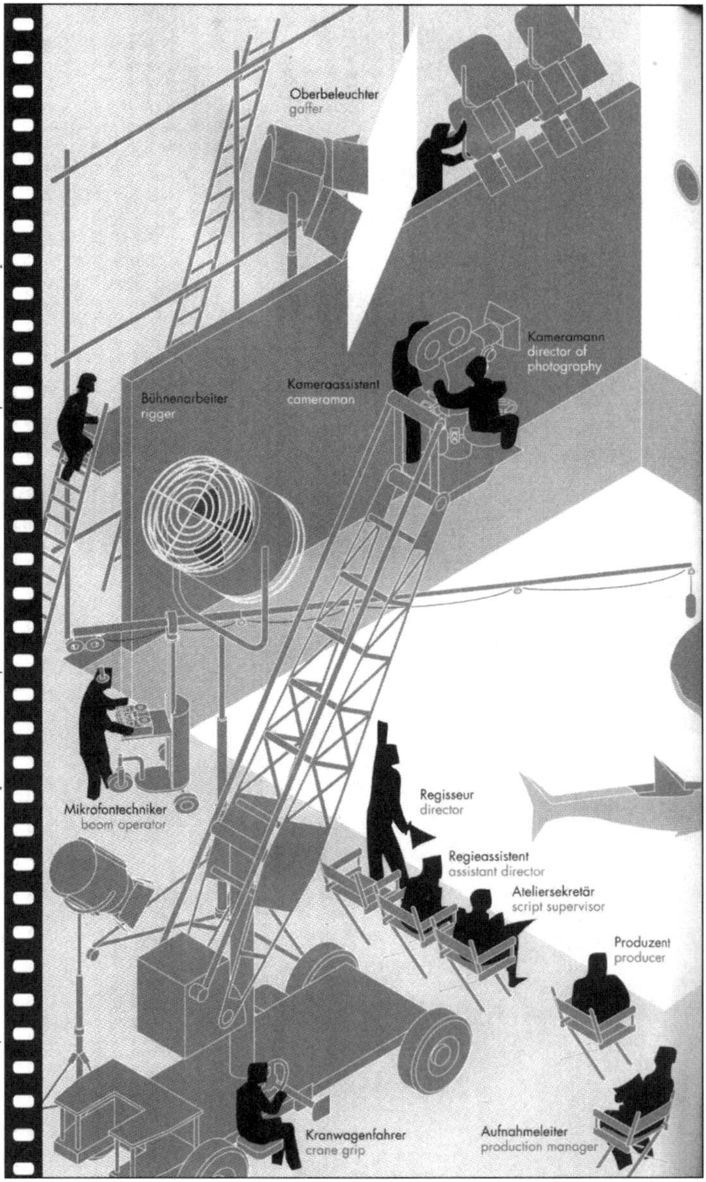

stunt arranger
Spezialist für die Planung von Stunts

second unit director
Regisseur für Action- und Stuntszenen ohne Starbeteiligung

stand-in
Lichtdouble für die Darsteller; während um das Double die Scheinwerfer ausgerichtet werden, kann der Star noch Interviews geben

clapper
beschriftet zweiteilige Gelenkklappe oder Schiefertafel mit Kreide; der Klappenschlag ergibt das optisch-akustische Signal, das der Cutter zum synchronen Schneiden der Bild- und Tonspuren benötigt

head grip
auch: first grip, key grip; verantwortlich für das Aufstellen der die Kamera unterstützenden technischen Ausrüstungen

grip
Kamerabühnenmann; montiert die Kamera auf den Dolly (Kamerawagen) oder auf den Kamerakran; legt Schienen und Kabel

sound supervisor
Toningenieur; dem Produzenten unterstellter Verantwortlicher für Vorhandensein, Bedienung und Wartung der kompletten Tontechnik

sound engineer
Tonmeister; zuständig für die Aufnahmen am Drehort

sound recordist
Tonassistent; assistiert dem Tonmeister; bedient und reinigt die Tonaufnahmegeräte; markiert und protokolliert alles aufgenommene Tonmaterial

dubbing director
Synchronregisseur; verantwortlich für den passenden Ton zum jeweiligen Bild; führt die Darsteller oder Sprecher bei der Synchronisation

title designer
Grafiker, der alle Schrifteinblendungen entwirft und realisiert

editor
Schnittmeister; setzt aus vielen einzelnen Sequenzen den eigentlichen Film zusammen – in Abstimmung mit Manuskript und Regisseur

cutter
Techniker für die mechanischen Arbeitsgänge beim Schnitt

sound editor
Tonschnittmeister; arbeitet mit dem Regisseur an der Auswahl von Toneffekten und Musikaufnahmen; gibt dem Komponisten Anweisungen für die Bilduntermalung; bündelt die vielfältigen Tonquellen wie Dialog, Musik und Toneffekte zu einer zum Bild synchronen Tonspur

foley artist
Toningenieur; kreiert Geräusche und Klänge. Für Horrorfilme zersägt er Kohlköpfe, weil das nach Knochen klingt. Ein Spezialist, der foley walker, kann Schritte auf allen Bodenbelägen simulieren.

casting director
ist für Auswahl und Einsatz der Darsteller verantwortlich; aber nicht an der Produktion beteiligt

scout
Crewmitglied für Motiv- und Talentsuche

advisor
auch: consultant; Experte, der zu Details des Films als Berater hinzugezogen wird

gofer
auch: runner; Aushilfskraft

Über die Ergebnisse der Recherchen tauscht man sich im Plenum aus; dabei können mögliche Fehleinschätzungen, aber auch Technisches geklärt und zusätzliche Informationen gegeben werden.

> Eine vierte Klasse hatte vor allem Probleme mit der Unterscheidung zwischen Regisseur und Kameramann. Einigen war nicht klar, dass das verschiedene Personen mit unterschiedlichen Aufgaben sind. Ein Junge meinte: „Ich kenn' aber ein Foto von Jurassic Park, da schaut Steven Spielberg durch die Kamera!" Die vier Seiten habe ich übrigens stark vergrößert im Klassenzimmer aufgehängt; sie blieben fast ein halbes Jahr an der Wand und immer wieder, vor allem nach den Wochenenden, standen die Schüler davor um sich zu informieren.

Nun sieht man sich gemeinsam, am besten ohne Ton, um die Konzentration der Kinder ganz beim Bild zu haben, einen Ausschnitt aus *Fargo* (Regie: Joel Coen, 1996) an, etwa von Minute 43 bis Minute 44: Frances McDormand isst im Polizeibüro zu Mittag einen Hühnchenburger, aber keinen „normalen", sondern einen, der nachwächst!

In Bild 1 sieht man deutlich den Biss, in Bild 2 ist er verschwunden, Bild 3 zeigt einen Biss, allerdings einen anderen, in Bild 4 hält sie wieder einen ganzen Burger.

Und weil wahrscheinlich beim ersten Durchgang niemandem etwas auffällt, so war es zumindest in meiner Klasse, zeigt man diese eine Minute Film noch einmal mit dem Auftrag, genau auf den Hamburger zu achten. Es schließt sich ein Gespräch an.

Um die Sache zu verdeutlichen und den Eindruck zu verstärken, erhalten die Schülerinnen und Schüler ein Blatt, auf dem sie mit dem Partner ihre Beobachtungen notieren. Selbstverständlich folgt eine Besprechung, in der nun auch der Bogen zum Beginn der Einheit geschlagen wird: „Findest du auf den Übersichten die Berufsbezeichnung für die Person, die eigentlich dafür zuständig ist, dass so etwas nicht passiert?“

(Der Text auf den Übersichten ist dann natürlich erläuterungsbedürftig.)

Alternativ könnte man beispielsweise auch folgende Szenen verwenden:

- *Pretty Woman* (Regie: Garry Marshall, 1990) – Richard Gere und Julia Roberts picknicken im Park; zuerst entledigt sich Gere der Schuhe und Socken, um sie dann wie von Geisterhand wieder anzuhaben.
- *Forrest Gump* (Regie: Robert Zemeckis, 1994) – Gump erklärt, seine geliebte Jenny sei an einem Samstag gestorben. Auf dem Grabstein steht als Datum der 22. März 1982 - ein Montag.
- *Bambi* (Regie: David Hand, 1942) – Gegen Ende des Films kommen die Tiere nach dem Feuer aus dem Fluss. Eine Waschbärenmutter leckt ihrem Jungen den Dreck ab, im nächsten Frame leckt sie zwar immer noch, jedoch ist das Junge verschwunden.
- *Casablanca* (Regie: Michael Curtiz, 1942) – siehe oben.

Literatur

ABRAHAM, ULF: Vorstellungsbildung und Literaturunterricht. In: SPINNER, KASPAR H. (Hrsg.): Neue Wege im Literaturunterricht. Informationen, Hintergründe, Arbeitsanregungen. Hannover. Schroedel 1999, S. 10–20.

BARTH, SUSANNE: Medien im Deutschunterricht. In: Praxis Deutsch 153/1999, S. 11–19.

BAURMANN, JÜRGEN/MÜLLER, ASTRID: Zum Schreiben motivieren – das Schreiben unterstützen. In: Praxis Deutsch 149/1998, S. 16–22.

BAURMANN, JÜRGEN/WEINGARTEN, RÜDIGER: Internet und Deutschunterricht. In: Praxis Deutsch 158/1999, S. 17–26.

Bayerisches Staatsministerium für Unterricht und Kultus: Lehrpläne für die bayerische Grundschule. München: o. V., 2000.

Bund-Länder-Kommission für Bildungsplanung und Forschungsförderung: Medienerziehung in der Schule. Orientierungsrahmen. Bonn: 1995 (Materialien zur Bildungsplanung und zur Forschungsförderung Heft 44).

DEHN, MECHTHILD et al.: Lesesozialisation, Literaturunterricht und Leseförderung in der Schule. In: FRANZMANN, BODO et al. (Hrsg.): Handbuch Lesen. Im Auftrag der Stiftung Lesen und der Deutschen Literaturkonferenz. München: Saur 1999, S. 568–637.

DOLLE-WEINKAUFF, BERND: Entstehungsgeschichte des Comic. In: LEONHARD, JOACHIM-FELIX et al. (Hrsg.): Medienwissenschaft. Ein Handbuch zur Entwicklung der Medien und Kommunikationsformen. 1. Teilband. Berlin/New York: De Gruyter 1999, S. 776–784.

ERLINGER, HANS DIETER (Hrsg.): Neue Medien – Edutainment – Medienkompetenz. Deutschunterricht im Wandel. München: KoPäd 1997.

GAST, WOLFGANG: Grundbuch. Einführung in Begriffe und Methoden der Filmanalyse. Frankfurt am Main: Diesterweg, 1993.

HEIDTMANN, HORST: TV-Mitschnitte und Videofilm-Kassetten im Unterricht. In: Praxis Deutsch 121/1993, S. 13.

HURRELMANN, BETTINA: Leseförderung. In: Praxis Deutsch 127/1995, S. 17–26.

HÜTHER, JÜRGEN/PODEHL, BERND: Geschichte der Medienpädagogik. In: HÜTHER, JÜRGEN/SCHORB, BERND/BREHM-KLOTZ, CHRISTIANE (Hrsg.): Grundbegriffe der Medienpädagogik. München: KoPäd 1997, S. 116–126.

HÜTHER, JÜRGEN/SCHORB, BERND/BREHM-KLOTZ, CHRISTIANE (Hrsg.): Grundbegriffe Medienpädagogik. München: KoPäd 1997.

KANDORFER, PIERRE: DuMont's Lehrbuch der Filmgestaltung. Theoretisch-technische Grundlagen der Filmkunde. Köln: DuMont 1994[5].

KÖNNEKER, CARSTEN: Harry Potter – ein neuer Klassiker der Kinder- und Jugendliteratur. In: Praxis Deutsch 161/2000, S. 7–9.

KÖPPERT, CHRISTINE: Entfalten und Entdecken. Zur Verbindung von Imagination und Explikation im Literaturunterricht. München: Vögel 1997.

KÖPPERT, CHRISTINE: Innere Bilder zu „laufenden Bildern". Wahrnehmung, Vorstellungsbildung, vorstellungsgetragene Deutung am Beispiel von Schindlers Liste. In: Praxis Deutsch 154/1999, S. 53–59.

LANKES, EVA-MARIA: Die Rolle der Lernsituation. In: Die Grundschule 6/2000, S. 10–12.

LUDWIG, OTTO/SPINNER, KASPAR H.: Schreiben zu Bildern. In: Praxis Deutsch 113/1992, S. 11–16.

LUDWIG, OTTO/SPINNER, KASPAR H.: Mündlich und schriftlich argumentieren. In: Praxis Deutsch 160/2000, S. 16–22.

MACHT, WOLFGANG: Medien: mangelhaft. In: DIE WOCHE vom 22.08.1997, S. 19.

MAIER, WOLFGANG: Grundkurs Medienpädagogik/Mediendidaktik. Ein Studien- und Arbeitsbuch. Weinheim und Basel: Beltz 1998.

METZGER, KLAUS: Stimmpflege – Spiele – Situationen. Anregungen und Ideen für das freie Sprechen. In: Praxis Deutsch 144/1997, S. 23–25.

METZGER, KLAUS: „Und wann machen wir Bert Brecht?" In: Praxis Deutsch 148/1998, S. 23–34.

METZGER, KLAUS: „Wir machen einen richtigen Film!" Schreiben und Filmen zu einem Gedicht. In: Die Grundschulzeitschrift 128/1999, S. 44–46.

METZGER, KLAUS: „Die Mutter wird schimpfen, weil sie so streng schaut". In: Praxis Deutsch 160/2000, S. 23–25.

MITZLAFF, HARTMUT/SPECK-HAMDAN, ANGELIKA (Hrsg.): Grundschule und neue Medien. Frankfurt am Main: Arbeitskreis Grundschule 1998.

MONACO, JAMES: Film verstehen. Reinbek: Rowohlt 2000 (rororo 60657).

PAYRHUBER, FRANZ-JOSEF: Schreiben lernen. Aufsatzunterricht in der Grundschule. Köln: Dürr + Kessler 1996.

SCHULTE, MICHAEL (Hrsg.): Karl Valentin. Gesammelte Werke in einem Band. München/Zürich: Piper 1994[6].

SPINNER, KASPAR H.: Neue und alte Bilder von Lernenden – Deutschdidaktik im Zeichen der kognitiven Wende. In: Jahrbuch der Deutschdidaktik. Tübingen: Narr 1995, S. 127–144.

SPINNER, KASPAR H.: Die eigenen Lernwege unterstützen. Die sog. Kognitive Wende in der Deutschdidaktik. In: SPINNER, KASPAR H. (Hrsg.): Neue Wege im Literaturunterricht. Informationen, Hintergründe, Arbeitsanregungen. Hannover: Schroedel 1999, S. 4–9.

SPINNER, KASPAR H.: Kinder und Lyrik. In: Die Grundschulzeitschrift 128/1999, S. 6–11.

STRAẞNER, ERICH: Kommunikative Aufgaben und Leistungen der Zeitschrift. In: LEONHARD, JOACHIM-FELIX et al. (Hrsg.): Medienwissenschaft. Ein Handbuch zur Entwicklung der Medien und Kommunikationsformen. 1. Teilband. Berlin/New York: De Gruyter 1999, S. 852–864.

TULODZIECKI, GERHARD: Medien in Erziehung und Unterricht. Bad Heilbrunn: Klinkhard 1997 (3. überarbeitete und erweiterte Auflage von „Medienerziehung in Schule und Unterricht").

WERMKE, JUTTA: Integrierte Medienerziehung im Fachunterricht. Schwerpunkt: Deutsch. München: KoPäd 1997.

WOKITTEL, HORST: Medienbegriff und Medienbewertungen in der pädagogischen Theoriegeschichte. In: HIEGEMANN, SUSANNE/SWOBODA, WOLFGANG H. (Hrsg.): Handbuch der Medienpädagogik. Opladen: Leske + Budrich 1994.